UNIVERSITÉ DE FRANCE — ACADÉMIE DE GRENOBLE

DE LA TRANSACTION

SA NATURE — SES EFFETS

THÈSE POUR LA LICENCE

SOUTENUE DEVANT LA FACULTÉ DE DROIT DE GRENOBLE

LE 4 AOUT 1870

Par Charles DUPASQUIER,

NÉ A CHAMBÉRY LE 1 FÉVRIER 1850.

CHAMBÉRY
IMPRIMERIE DE F. PUTHOD, RUE DU VERNEY

1870

UNIVERSITÉ DE FRANCE — ACADÉMIE DE GRENOBLE

DE LA TRANSACTION

SA NATURE — SES EFFETS

THÈSE POUR LA LICENCE

SOUTENUE DEVANT LA FACULTÉ DE DROIT DE GRENOBLE

LE 4 AOUT 1870

Par Charles DUPASQUIER,

NÉ A CHAMBÉRY LE 4 FÉVRIER 1850.

CHAMBÉRY

IMPRIMERIE DE F. PUTHOD, RUE DU VERNEY

—

1870

FACULTÉ DE DROIT DE GRENOBLE

MM. COURAUD, doyen, professeur de droit adminis-
tratif et d'économie politique.

BURDET ✻, doyen honoraire.

PÉRIER, professeur de droit romain.

GUEYMARD, professeur de droit commercial.

CAILLEMER, professeur de Code Napoléon.

TROUILLER, professeur de Code Napoléon.

RIBEREAU, agrégé, chargé d'un cours de droit
romain.

NORMAND, agrégé, chargé du cours de procédure
civile et de législation criminelle.

NAQUET, agrégé, chargé d'un cours de Code
Napoléon.

FISSONT, secrétaire.

SUFFRAGANTS

MM. COURAUD, doyen, président de la Thèse.

PÉRIER, professeur.

GUEYMARD, id.

TROUILLER, id.

A MON PÈRE, A MA MÈRE

A la mémoire de mon Frère.

MEIS ET AMICIS

PRÉLIMINAIRES

Proprium hoc statuo esse virtutis,
conciliare animos hominum.
(Cicero, *De officiis*, 2, 5.)
La conciliation est le propre du sage.

Les législateurs de tous les temps et de tous
les lieux ont toujours eu à se préoccuper de
mettre fin à ces différends si nombreux qui
agitent et passionnent les hommes, et de tarir
la source de ces procès malheureusement si
répétés, qui jettent la discorde dans les familles,
dilapident les fortunes les plus considérables,
et le plus souvent ravissent à ceux mêmes qui
les soutiennent leur considération et leur honneur, jusqu'alors, aux yeux de tout le monde,
vierges de toute tache.

A la vue de ces conséquences terribles, mais
qu'il est impossible de ne pas reconnaître, car

l'on en est chaque jour témoin, ils se sont émus et se sont scrupuleusement attachés à découvrir les moyens les plus propres, sinon à prévenir, au moins à terminer aussi rapidement que possible les contestations et les procès.

Aussi l'on comprend sans peine que, pour atteindre ce but, ils aient entouré la transaction de tant de faveur.

La transaction, en effet, en exigeant des concessions réciproques de la part des parties en cause, en demandant à l'une un sacrifice comme condition du sacrifice que l'autre doit faire pour elle, la transaction, dis-je, est assurément la voie la plus sûre à suivre pour éteindre une contestation, pour prévenir un procès, et en même temps pour rétablir entre des hommes, ennemis il y a un instant, cette paix que leurs différends avaient brisée, et qui cependant est la condition indispensable du bien-être et du bonheur sur la terre.

Comme l'a fort bien dit un écrivain célèbre de l'antiquité, orateur fameux et penseur profond, la conciliation est le propre du sage : *Proprium hoc statuo esse virtutis, conciliare animos hominum.* (CICERO, *De officiis*, 2, 5.)

La paix, et pour la paix la conciliation, voilà le but du législateur, et la transaction, voilà évidemment le moyen infaillible qui lui permettra de l'obtenir; aussi ne doit-on pas s'étonner de la voir, à toutes les époques et dans tous les lieux, jouer un rôle des plus beaux et des plus importants.

Qu'on remonte un à un tous les degrés de la grande échelle des législations qui ont successivement régi les peuples, partout l'on trouvera des dispositions, et des dispositions multipliées, relatives aux transactions et aux questions qu'elles soulèvent.

Les Romains avaient déjà formulé les théories les plus exactes et les plus complètes en cette matière; et les monuments si nombreux qu'ils nous ont légués relativement aux transactions, en même temps qu'ils dénotent une profondeur de vues des plus rares, portent tous l'empreinte de cette préoccupation incessante des jurisconsultes et des législateurs : acheter, au prix de sacrifices mutuels, la tranquillité, le premier de tous les biens : *Melior est certa pax quam sperata victoria.*

Pour nous conformer aux exigences du programme, nous diviserons cette thèse en deux parties : dans la *première*, nous traiterons des transactions en droit Romain ; la *seconde* sera destinée à l'étude des transactions en droit Français.

PREMIÈRE PARTIE

DROIT ROMAIN

DE TRANSACTIONIBUS

(Dig., lib. II, tit. xv. — Cod., lib. II, tit. iv.)

De transactionibus disseram : de iis duos continet titulos jus romanum : titulum XV, lib. ii in Digestis, et titulum IV, lib. ii in Codice. Ut ordinatim et clarissime omnibus studeam quæstionibus, quæ in ista tam gravi materia semel et semel reperiuntur, hanc thesim in sex capita distribuam. Quamobrem vicissim ostendam :

Caput primum : Quid sit transactio et quæ impleri debeant conditiones ut existere videatur?

Caput secundum : Quibus modis confici possit, et si prætoris auctoritas ad eam perficiendam necessaria sit?

Caput tertium : Quænam sint personæ quibus transigere liceat?

Caput quartum : Quænam sint res de quibus transigi possit?

Caput quintum : Quosnam proprios effectus producat transactio, vel cum nuda interponatur, vel cum quædam ei adjiciatur clausula?

Caput sextum : Si tandem transactiones rescindere liceat, quomodo et ex quibus causis ?

Primum videamus quid sit transactio, quæ sit ejus definitio et quæ impleri debeant conditiones ut existere videatur.

CAPUT PRIMUM

TRANSACTIONIS DEFINITIO — TRANSACTIONIS ELEMENTA

Transactio pactum est per quod, aliquo dato seu retento seu promisso, lis finitur mota, aut non movetur movenda : ex hoc sequitur duas conditiones existere debere ut perfecta sit :

1° Per transactionem oportet litem motam finiri aut litem movendam non moveri : quod enim sæpe dicunt clarissimi prudentes et illustrissimi imperatores. Hinc Ulpianus lib. 50 ad Ed.[1] : « Qui transigit quasi *de re dubia et lite incerta neque finita* transigit. » Hinc Antoninus[2] : « Cum te proponas cum sorore tua de hereditate transigisse, et ideo certam pecuniam ei te debere cavisse ; etsi nulla fuisset quæstio hereditatis, tamen *propter timorem litis* transactione interposita, pecunia recte cauta intelligitur : ex qua causa, si fisco solvisses, repetere non posses ; et, si non solvisses, tamen jure convenireris. » Hinc denique Anastasius[3] : « Jubemus in omnibus *litigiis* jam *motis* et *pendentibus*, seu postea

---

[1] L. 1, D., *de Transactionibus*.
[2] L. 2, C., *de Transactionibus*.
[3] Lib. 43, C., eod. tit.

super servili vel adscriptitia conditione *movendis, trans-*
actiones celebrandas, vel jam celebratas, si non alio
juri cognito modo eas vacillare contigerit, vires suas
obtinere. » Ergo transigi etiam potest priusquam lis ulla
sit, si modo sit metus litis ; et nihil interest an lis aliqua
jam subsit, an metus litis ; quod contra ad transactionis
causam pertinet, quia commodior et utilior est transactio, quæ litem futuram moveri non patitur, quam
quæ liti jam motæ finem imponit. Ceterum utroque casu
rem dubiam esse oportet, quoniam de re certa et indubitata neque lis esse potest, neque litis metus : quod transactionem a pacto vehementer distinguit, nam qui
paciscitur, de re certa et indubitata paciscitur ; eadem
est differentia inter pactum et transactionem quam inter
genus et speciem : omnis transactio pactum est, licet
aliquando Aquilianæ stipulationis et acceptilationis fir-
metur vinculis ; sed non similiter omne pactum transactio
est : transactio quidem pactum est quod semper eamdem
causam habet, eamque justam : ut nimirum a lite discedatur ; quod claris verbis dixit Paulus lib. 17 ad Plautium[1] :
« Et quidem quod transactionis nomine datur, licet res
nulla media fuerit, non repetitur ; nam , si lis fuit, hoc
ipsum, quod *a lite disceditur,* causa videtur esse. »
Pactum autem, quod transactio non est, non semper
justam causam habet, et, quod cum evenit, non servan-
dum est ; cum vero causam aliquam justam habet, non
tamen semper eamdem habet : aliquando enim ex causa
fit onerosa, aliquando etiam animo donandi : hoc est alia
quædam inter pactum et transactionem differentia, et
ita ad sequentem pervenimus conditionem quam impleri
oportet ut existat transactio.

[1] L. 65, D., lib. XII, tit. VI, *de Cond. indeb.*

2° Nunquam enim animo donandi transactio fit :
semper ex utraque parte aliquid dandum est, vel
retinendum, vel promittendum; semper ambo transigentes sibi ipsis mutuum imponere debent sacrificium ;.
quod enim clare Diocletiani et Maximiani imperatorum
ex duobus rescriptis sequitur in Codice insertis[1] in
quibus semel et semel expressis verbis declarant transactionem nullo dato vel retento seu promisso minime
procedere, et hoc, quia transigens donare velle non
intelligitur. Si autem res dubia remittatur liberaliter et
gratuito, id est nullo accepto aut retento, pactum est,
non transactio : satis enim dat qui a lite discedit; quod
autem ad transactionem habendam non sufficit, si non
aliquid vicissim eo nomine accipiat, licet ex altera
quoque parte a lite discedatur. Quare Ulpianus lib. 7
Disputationum, nullam esse declarat transactionem quæ
post rem judicatam facta est : et enim qui transigit quasi
de re dubia et lite incerta neque finita transigit; atqui,
per judicatum lite omnino finita, quia, propter rerum
judicatarum auctoritatem, pro veritate habetur res
judicata, post rem judicatam transigi nullo modo potest,
sed tantum donationis causa pactum interponi. Transactio facta non jam valet, si nulla amplius lis supersit
aut metus litis[2], et, si quid ex ea causa solvatur, repeti
poterit, nisi malit qui accepit id imputare in causam
judicati.

Talia sunt transactionis elementa; tales sunt ambæ
conditiones, quibus repertis, subsistere potest transactio. Ergo, est transactio *rei dubiæ* conventa et *non
gratuita* decisio.

[1] L. 38, C., lib. II, tit. IV, *de Transact.*, et l. 3, C., lib. VI,
tit. XXXI, de repudianda vel abstinenda hereditate.
[2] L. 7, D., lib. II, tit. XV, *de Transactionibus*.

— 13 —

Innominatos autem inter contractus comprehendi
debet, id est inter istas conventiones quæ in proprium
nomen contractus non transeunt, et tamen, ab uno ex
consentientibus aliquo dato seu facto, alterum vinculis
obligationis tenent : tunc enim causa civilis subest, et
conventiones contractus efficiuntur[1]. Sciendum est vero
magnam controversiam inter Proculi discipulos et Sabini
ortam esse de actione tribuenda ut innominatus contractus suos producat effectus : Sabiniani, qui difficile
actionem novam admittebant, inspiciebant primum an
innominatus contractus cum uno ex nominatis contrac-
tibus similitudinem quamdam habere videri posset vel
non, eaque reperta istius actionem contractus tribuebant, contrario autem casu actionem *de dolo*, vel *in
factum*, si per dolum vel per aliam causam pacta non
servarentur. Sed ista opinio admitti non poterat, nam
actio de dolo infamiam cum se trahens adversus omnes
personas non tribuebatur, et eam adversus heredes
quantum locupletiores facti fuissent tantum dabant.
Proculiani autem actionem *in factum præscriptis verbis*
tribuebant, sæpe *incerti* appellatam, et quæ civilis erat,
in jus, in personam et bonæ fidei. Quod magis, quoties-
cumque aliquid datum fuisset, condictionem *causa data
causa non secuta* ad rem repetendam admittebant, ita ut
qui dederat actionem vel condictionem in facultate sua
haberet. Eorum meliorem sententiam vicissim secuti
sunt imperatores Alexander Severus et Justinianus[2].

Quibus dictis videamus nunc quibus modis confici
possit transactio, et quæramus an prætoris auctoritas
ad eam perficiendam necessaria sit.

[1] L. 7, § 2, D., *de Pactis*, lib. II, tit. XIV.
[2] L. 6, C., *de Transact.*, lib. II, tit. IV, et Inst. Just , III ,
XXIV. § 1, coll. G., III, 143.

CAPUT SECUNDUM

QUIBUS MODIS CONFICI POTEST TRANSACTIO?

I. — *De Transactionis modis.*

Nullæ specialiter exiguntur transactionum formæ: qua causa prudentes *per stipulationem Aquilianam* vel per *pactum conventum* confici transactiones posse cogitaverunt[1].

1° Per stipulationem, vulgo Aquilianam appellatam, id est per istam per quam contingit ut omnium rerum obligatio in stipulatum deducatur, et ea per acceptilationem tollatur. Omnes enim præcedentes renovat obligationes et perimit[2]; a Gallo Aquilio prætore, Ciceronis amico, ita composita est : « Quidquid te mihi ex quacumque causa dare facere oportet, oportebitve, præsens in diemve ; quarumcumque rerum mihi tecum actio est ; quæve adversus te petitio, vel adversus te persecutio est eritve ; quodve tu meum habes, tenes, possides, dolove malo fecisti quominus possideas ; quanti quæque earum rerum res erit, tantam pecuniam dari stipulatus est Aulus Agerius, spopondit Numerius Negidius. Item ex diverso Numerius Negidius interrogavit Aulum Agerium : quidquid tibi hodierno die per Aquilianam stipulationem spopondi, id omne habesne acceptum? respondit Aulus Agerius : habeo, acceptumque tuli[3]. »

---

[1] L. 2, D., lib. II, tit. XV, *de Transactionibus.*
[2] L. 4, D., *de Transact.*
[3] Instit., lib. III, tit. XXIX, § 2.

2º Per pactum conventum, id est per solum amborum transigentium in idem placitum consensum. Inter stipulationem Aquilianam autem et nudum pactum conventum hæc est differentia, ut actionem exstinguat stipulatio Aquiliana et exceptionem tantum pariat pactum conventum : finita quidem lis dicitur etiam cum pacto nudo facta est transactio, quia exceptio ad summovendum eum proficit qui adversus placita persequi litem velit, quod perinde est in effectu ac si jure ipso actio sublata esset.

Tales sunt igitur ambo modi per quos transigi potest; scriptura non est necessaria : « Sive apud acta Rectoris provinciæ, sive sine actis, scriptura intercedente vel non, transactio interposita est, hanc servari convenit [1]; » id est, et apud acta, et sine actis, et cum scriptura, et sine scriptura, transactio facta valida est. Scriptura, quæ probationem rei gestæ continere solet (nam instrumenta in id inventa sunt ut probent), ad perficiendam transactionem necessaria non est [2].

II. — De Prætoris auctoritate.

Cum hominibus cunctis permissum est juris sui persecutionem aut futuræ perceptionis spem deteriorem constituere, nec facile prætor se debet in privatorum conventionibus ineundis interponere, regula est ut in transigendo non interveniat prætoris auctoritas. Divus autem Marcus, oratione in Senatu recitata et senatusconsulto approbata [3], effecit, ne aliter alimentorum

[1] L. 28, C., Lib. II, Tit. IV.
[2] L. 5, C., Lib. II, Tit. IV., de Transactionibus.
[3] L. Eleganter Pomponius quærit, 23 § 2., D., Lib. XII, Tit. VI, de Condict. indebiti.

transactio rata esset, quam si auctore prætore facta.
Solet igitur prætor intervenire, et inter consentientes
arbitrari an transactio, vel quæ admitti debeat[1]; idque
summa ratione et æquitate, quod plerumque evenit, ut
hi quibus alimenta relicta sunt facile transigant, con-
tenti modico præsenti; unde fit ut postea laborent eges-
tate contra mentem testatorum, qui vix unquam alimenta
legant, nisi egentibus, et iis quibus prospectum velint
ne incidant in egestatem. Ex qua ratione hanc orationem
apparet, non ad alimenta præterita pertinere, sed ad
futura; quod enim Gordianus imperator Licinio rescrip-
sit : « De alimentis præteritis si quæstio deferatur,
transigi potest. De futuris autem sine prætore, seu
præside interposita transactio nulla auctoritate juris
censetur[2]. » Ceterum, non prætori datum est ut de
alimentis decernat quidquid velit, sed ut decreto suo,
causa cognita, probet vel improbet transactionem, quæ
porro non fit nisi inter consentientes.

Ejusdem prætoris notio ob transactionem erit : sive
habitatio, sive vestiarium, sive de prædiis alimentum
legabitur, nam eadem ratio locum habet in istis omnibus
legatis; nam nec ista relinqui solent nisi egentibus ut
nec alimenta, neque minus necessaria sunt ad vitam;
ideoque etiam alimentorum nomine continentur. De
calceario quoque, eadem ratione, arbitrio prætoris,
transigendum est[3].

Ceterum nulla distinctio fieri debet, seu testamento,
seu codicillis sive ad testamentum factis sive ab intes-
tato, seu mortis causa donata, seu ab eo cui mortis causa

[1] L. 8, D., Lib. II, Tit. IV, *de Transactionibus*.
[2] L. 8, C., Lib. II, Tit. IV, *de Transactionibus*.
[3] L. 8, D., § 14, Lib. II, Tit. XV, *de Transactionibus*.

donata sint, seu conditionis implendæ gratia fuerint
relicta alimenta ; seu in dies singulos, seu in menses,
seu in annos, seu, non perpetuo, sed usque ad annos
certos. Omnibus in istis casibus oratio locum habet,
transactioque citra prætoris auctoritatem facta nihil
valet[1]. Idem est, si integra quantitas fuerit alicui legata,
ut ex usuris ejus se alat, et mortis tempore pecunias
restituat, licet non in annos singulos videatur id relictum. Nihil autem interest, utrum libertini sint, quibus
alimenta relicta sunt, an ingenui ; utrum satis locuple-
tes an minus ; utrum jam his de alimentis sit, an nondum
ulla introducta lite, ne circumveniatur oratio, id est ne
fingantur lites ut transactio etiam citra prætoris fiat
auctoritatem ; utrum de universis alimentis an de parte
eorum ; observandum est autem eum qui transigit de
alimentis non videri, neque de habitatione neque de
vestiario transigere, quamvis in alimentorum legato
contineantur et habitatio et vestiarium : divus enim
Marcus specialiter de istis transigi jussit.

Ita voluit et voluit tantum Marcus imperator alimenta
semper servari : qua causa omnes prohibet conventiones
quæ alimentis nocere posse videantur ; istam igitur transactionem improbat quæ idcirco fit ut quis semel solutam
pecuniam consumat ; monetque, si uni pluribusve fundus ad alimenta fuerit relictus, velintque eum distrahere,
necesse esse prætorem de distractione ejus et transactione arbitrari ; ut etiam, si ager in alimenta fuerit obli-
gatus ; nam nec pignus ad hæc datum inconsulto prætore
poterit liberari. Siquidem pluribus fundus ad alimenta
fuerit relictus, et hi inter se transigant, sine prætoris
auctoritate facta transactio rata esse non debet ; nihil

[1] L. 8, D., Lib. II, Tit. XV, *de Transactionibus.*

2

enim interest utrum cum debitore an inter se transigant quibus alimenta sunt relicta [1].

Item si cui non nummus ad alimenta sed frumentum atque oleum, et cetera quæ ad victum necessaria sunt, fuerint relicta, non poterit de his transigere sive annua, sive menstrua ei relinquantur. Si tamen ita sine prætore transegerit, ut in vicem eorum nummum quot annis vel quot mensibus acciperet, et neque diem neque modum permutavit, sed tantum genus; vel ex contrario, si pactus fuerit, ut in generibus alimenta acciperet, quæ in nummis ei relicta fuissent; vel si vinum pro oleo, vel oleum pro vino, vel quid aliud commutavit; vel locum permutavit, ut quæ erant ei Romæ alimenta relicta, in municipio vel in provincia acciperet, vel contra; vel personam commutavit, ut quod a pluribus erat accepturus, ab uno acciperet, vel alium pro alio debitorem acceperit : hæc omnia habent disceptationem prætoris, et pro utilitate alimentarii recipienda sunt.

Pariter, si ad habitationem certa quantitas sit annua relicta, et ita sit transactum sine prætore, ut habitatio præstetur, valet transactio, quia fructus habitationis præstatur, licet ruinæ vel incendio subjecta est transactio. Per contrarium quoque, si pro habitatione quæ erat relicta, placuerit certam quantitatem præstari, transactio rata est etiam citra prætorem [2].

Perinde necessaria non erit prætoris auctoritas, si sit certa quantitas Titio relicta vel res, ita ut inde alimenta Seio præstentur Titiusque transigere velit; nec enim transactione tali Titii minuuntur alimenta Seii; idem, si per fideicommissum alimenta ad hoc legatario fuerint

---

[1] L. 8, § 15, D., cod. tit.
[2] L. 8, D., cod. tit. §§ 24 et 25.

relicta[1] ; idem, si transigendum sit, ut quod per singulos annos alicui est relictum consequatur per singulos
menses, aut si, quod per singulos menses ei relictum
sit, consequatur per singulos dies, aut si quod consum-
mato anno accepturus est initio anni consequatur : meliorem enim conditionem suam facit transactione ista
alimentarius, et noluit oratio alimenta per transactionem
intercipi.

Ergo, tales sunt casus in quibus prœtoris arbitrium
necessarium est, et casus in quibus contra non necessarium ; et, cum dixerimus alimenta non cum cœteris
annuis legatis confundenda, quorum clarissimis verbis
ostendit Ulpianus differentiam , sciemus rectissime
quando intervenire debeat magistratus : « Si in annos
singulos certa quantitas alicui fuerit relicta homini ho-
nestioris loci, veluti salarium annuum, vel ususfructus,
transactio etiam sine prætore fieri poterit. Ceterum , si
ususfructus modicus alimentorum vice sit relictus, dico
transactionem citra prætorem factam nullius esse momenti[2]. » Ad alimenta igitur et ad sola alimenta D. Marci
pertinet oratio. Nunc videamus quale sit prætoris offi-
cium, et quæramus an ejus locum habere possit alius
quidam magistratus.

1. — Prætoris officium.

Apud prætorem de tribus rebus quærendum est : imprimis de *causa* transactionis, deinde de *modo*, tertio
denique de *persona* transigentium ; imprimis de *causa*,
neminem enim sine causa transigentem audiet prætor;
deinde de *modo*, id est de quantitate pro qua transiga-

[1] L. 8, D., cod. tit., § 5.
[2] L. 8, D., § 23, cod. tit.

tur de alimentis, nec enim patietur prætor pro modico præsenti alimentis futuris renunciari, et licet ob solam læsionem non possit transactio rescindi, pertinet tamen ad æquitatem et dignitatem prætoris, ne patiatur, quantum in se est, aliquam læsionem intervenire in ea transactione, cui auctoritatem ipse præstet; denique de *persona* transigentium, nam diversas secundum personas facilius vel difficilius transactionem fieri permittet prætor. Vicissim de istis omnibus loquamur.

1° *De causa.* — Causæ fere hujusmodi solent allegari : si alibi domicilium heres, alibi alimentarius habeat, aut si destinet domicilium transferre alter eorum ; aut si causa aliqua urgeat præsentis pecuniæ ; aut si a pluribus ei alimenta relicta sint, et minutatim singulos convenire difficile ei sit ; aut si alia quædam causa fuerit, ut plures solent incidere, quæ prætori suadeant transactionem admittere [1].

2° *De modo.* — Æstimandus est quoque pecuniæ modus quæ in transactionem venit, utputa quantitas transactionis ; nam etiam ex modo fides transactionis æstimabitur. Modus autem, pro ætate ejus qui transigit, arbitrandus est et valetudine. Nam alias cum puero, alias cum juvene, alias cum sene transigi palam est : constat enim alimenta cum vita finiri [2].

3° *De personis.* — Contemplandæ sunt et ipsæ transigentium personæ : quærendum igitur est cujus vitæ sint hi quibus alimenta relicta sunt; utrum frugi vitæ sint et qui alias sufficere sibi possint, an minoris et qui de alimentis pendeant. In persona autem ejus a quo alimenta relicta sunt, hæc erunt specienda : in quibus sit

[1] L. 8, D., § 9, cod. tit.
[2] L. 8, D., § 10, eod. tit.

facultatibus, cujus propositi, cujus opinionis. Tunc enim apparebit, num quid circumvenire velit eum, cum quo transigit [1].

2. — An aliis magistratibus hæc cognitio competit?

Ergo, tales sunt res a prætore requirendæ, quibus cognitis, transigi potest : sed si prætor aditus citra causæ cognitionem transigi permiserit, transactio nullius erit momenti [2]. In urbe autem prætori et in provinciis præsidi data est specialiter ista cognitio oratione Divi Marci [3]; sed mandare ex hac causa jurisdictionem non possunt; nam mandari tantum possunt ab illis omnia quæ iis de jure sui magistratus competunt, id est quæ suo jure babent; sed non ea quæ specialiter iis data sunt lege aliqua vel senatusconsulto, vel principis constitutione, velut datio tutoris, et cognitio de prædiis minorum alienandis, et nostra de transactione pro alimentis cognitio interporenda [4]. Si quidem prætori et provinciæ præsidi specialiter concessa est hæc cognitio, ita intelligi debet, ut iis data sit, secundum propriam cujusque jurisdictionem, id est inter eos in quos eorum quisque jurisdictionem habet. Ex hoc sequitur, ut, si quando alimenta a fisco petantur, vel dicendum sit neminem esse qui de alimentorum transactione cognoscere possit, quod absurdum esset, cum eadem ratio sit hoc casu alimentario prospiciendi, quæ esset si a privato alimenta

---

[1] L. 8, D., § 11, eod. tit.
[2] L. 8, D., § 17, eod. tit.
[3] L. 8, D., § 18, Lib. II, Tit. XV, *de Transact.*, et L. 8 et 12, C., Lib. II, Tit. IV., *de Transact.*
[4] L. 1, D., Tit. XXI, Lib. I, *de Officio ejus, cui mandata est jurisdictio.*

deberentur, vel procuratorum Cæsaris, aut præfectorum
ærarii eam jurisdictionem esse; nam, ut inter fiscum
et privatos prætor in urbe cognoscat, aut præses in
provincia, fieri nullo modo potest, non magis quam ut
procurator Cæsaris inter privatos. Quamobrem censuit
D. Marcus transactiones alimentorum etiam apud pro-
curatorem Cæsaris in provincia, et apud præfectos ærarii in urbe, si a fisco petantur alimenta, fieri posse [1].

Ergo, ut in pauca conferamus, nullam specialiter exigi
transactionum formam dicemus; — per pactum conventum vel per stipulationem aquilianam eas confici; — et
solum de alimentorum transactionibus prætoris aut
præsidis provinciæ, præfectorum ærarii aut procuratorum Cæsaris arbitratu opus esse. Nunc ad nostrum tertium caput pervenimus, et hic inter quas personas
transigi possit videbimus.

CAPUT TERTIUM

QUIBUS PERSONIS TRANSIGERE LICET

Transigere generatim possunt omnes, qui liberam
bonorum administrationem habent : libera administratio
necessaria est, quia in omni transactione aliquid datur
vel promittitur, et dare vel promittere rem non potest,
nisi qui libera gaudet administrandi facultate. Transigere

[1] L. 8, § 19, D., Lib. II, Tit. XV, *de Transactionibus.*

alienare est; qui transactionem facit alienat : quod Ulpianus dicit lib. 44 ad edictum, cum declarat, si libertus in fraudem patroni transegerit, posse patronum faviana uti [1].

Ergo, si transactio alienationi assimilari debet, quamvis alienatio non sit, nam, ut ex lege 33, C., *de Transactionibus* sequitur, dominium declarat et non transfert, eadem capacitas ad transactionem conficiendam exigenda est quæ ad alienationem exigitur : transigentes majores viginti quinque annis videri debent, et ex jure quiritium domini, nec furiosi, nec prodigi, nec mente capti, nec surdi, nec muti, nec qui perpetuo morbo laborant, quia rebus suis superesse non possunt [2]. Sed cum istæ sunt repletæ conditiones, transactio valet. Ut breviter dicam, qui obligationem contrahere, et alienare potest transigendi jus habet.

Per alium quidem obligationem contrahi, et alienationem fieri licet : videamus igitur qui sint illi qui ad transigendum pro alio sufficientem habeant capacitatem. Vicissim loquemur : De *tutoribus*, de *administratoribus*, de *mandatariis procuratoribusque*; de *patre* super liberorum juribus, de *marito* super uxoris juribus, dein de *fiduciario herede,* de quo dubitatio est, an super rebus ex fideicommisso restituendis, pendente fideicommissi conditione, sic possit transigere sine consensu fideicommissarii, ut ipsi fidei commissario post conditionis existentiam factamque restitutionem transactio illa noceat, denique de *eo qui litem cum multis sustinens personis* cum quadam earum sola transigere vult.

---

[1] L. 1, § 9, D., Lib. XXXVIII, Tit. V, *Si quid in fraudem patroni factum sit.*

[2] Just. Instit., Lib. I, Tit. XXIII, *de Curatoribus.*

1° *De tutoribus*. — Hic res bene distingui debent :
in quibusdam enim casibus a tutoribus transactio confici
poterit, in quibusdam aliis contra non poterit : eorum
erit jus transigendi cum non deminuendi causa transigendum, transactio autem deminuendi causa iis interdicta est : quod enim prudentes semel et semel consti-
tuerunt.

Hinc Gaius : « Si tutor, qui negotia gerit, aut curator,
transegerit cum fure, evanescit furti actio[1]; » hinc Ju-
lianus : « Qui tutelam gerit, transigere cum fure potest,
et si in potestatem suam redegerit rem furtivam, desinit
furtiva esse; quia tutor domini loco habetur[2]. » Hinc
Paulus : « Tutoribus concessam est, a debitoribus pu-
pilli pecuniam exigere, ut ipso jure liberentur : non
etiam donare, vel etiam deminuendi causa cum iis transigere : et ideo eum, qui minus tutori solvit, a pupillo
in reliquum conveniri posse[3]. »

Ergo, transigere potest tutor de iis tantum rebus
quorum alienatio ei concessa est, et ejus capacitatem
non excedit, et, si cujusdam rei alienatio speciales exigit formas, transactio de ea delinquenda easdem formas
exigit, quod expresse rescripserunt Divi Valerianus et
Gallienus imperatores[4].

2° *De administratoribus*. — Quod de tutoribus supra
diximus, de administratoribus qui eorum locum habent,
dicendum est : qua causa cogitat Valerianus transigere
posse civitatis administratores, et, si bona fide incita

[1] L. 54, D., Lib. XLVII, Tit. II, *de Furtis*.
[2] L. 56, § 4, D., eod. tit.
[3] L. 46, §.7, D., Lib. XXVI, Tit. VII, *de Administratione
et periculo tutorum*.
[4] L. 4, C., Lib. V, Tit. LXXI, *de Prædiis minorum*.

videatur, transactionem eorum valere : « Præses pro
vinciæ, ait enim, examinabit, utrum de dubia lite transactio inter te et civitatis tuæ administratores facta sit,
an ambitiose id, quod indubitate deberi posset, remis-
sum sit : nam priore casu, ratam manere transactionem
jubebit ; posteriore vero casu, nocere civitati gratiam
non sinet[1]. »

Haud dubio, si per transactionem alienatio fieri deberet,
quæ extra administratorum attributiones esset, tunc
omnes essent observandæ ad id necessariæ formæ, et
auctoritate judicis et approbatione civitatis opus.

3º *De mandatariis et procuratoribus.* — Si expresse
iis concessa sit transigendi capacitas, iis transigere licet ;
si contra non expresse concessa, transigere non possunt :
ex hoc sequitur nulli procuratorum principis, inconsulto
principe, id est sine speciali mandato, transigere licere[2],
nam iis non alienare rem Cæsaris, sed diligenter gerere
commissum est[3] ; quod quidem omnium procuratorum
et mandatariorum proprium est, nisi speciale quoddam
jus istis expresse concessum est, vel generali mandato
cum libera administratione instructi sunt.

4º *De patre super liberorum juribus.* — Primum jus,
id est quod lex duodecim Tabularum et prudentes intro-
duxerunt, distinguere oportet, et novum, id est quod
introduxit Justinianus imperator. Ex jure prisco, pater
omnium rerum, excepto castrensi peculio, habet dominium quæ filiorum sunt qui ex ejus potestate non sunt
egressi ; ergo, de rebus istis transigere potest ; sed « de
re horum filiorum quos in potestate non habuit, transi-

---

[1] L. 12, C.; *de Transactionibus*, Lib. II, Tit. IV.
[2] L. 13, D., lib. II, tit. XV, *de Transactionibus.*
[3] L. 1, D.; lib. I, tit. XIX, *de Officio procuratoris Cæsaris.*

gentem patrem minime iis obesse placet [1]. » Novo autem
~x jure, cum filiorum adventitii et quasi castrensis pecu-
Lorum dominium non jam habet pater, clare apparet de
iis transactionem invitis filiis irritam esse : valebit quidem
de aliis bonis liberorum qui in ejus sunt potestate transactio necessitate facta vel utilitatis causa interposita.

5° *De marito super uxoris juribus*. — Cum ex jure
romano uxor in familia, per *manus* effectum, loco est
filiæ, de bonis ejus ut de bonis filiorum decidendum est,
et dicendum de iis transigere maritum posse, ea etiam
invita. Non idem quidem de peculiis et fundo dotali qui
post legem Juliam, de adulteriis et fundo dotali, et Justi-
niani constitutiones, non jam alienari potest, cum dis-
solvetur matrimonium restituendus.

6° *De fiduciario herede*. — De fiduciario herede
dubitatio est, an super rebus ex fideicommisso restituendis, pendente fideicommissi conditione, sic possit
transigere sine consensu fideicommissarii, ut ipsi fideicommissario post conditionis existentiam factamque
restitutionem transactio illa sit nocitura? Quod quidem
rationi juris conveniens videtur, si modo jus plane
dubium fuerit, nec mala fides fiduciarii aut juris mani-
festi remissio appareat : fiduciarius enim non tantum
administrator est in alienam utilitatem, sed et in propriam, fructuum intuitu, imo interim dominus heredi-
tariarum rerum, ac forte etiam in perpetuum mansurus,
si conditio fideicommissi deficiat, aut persona fideicommisso honorata. Neque obscure hæc sententia colligi
potest ex lege ultima, tit. XV, lib. II, D., *de Transactionibus*, in qua, dum dicitur transactionem post

---

[1] L. 10, D., *de Transact.*

restitutionem hereditatis inter debitorem hereditarium
ac fiduciarum heredem interpositam non nocere fideicommissario, nisi debitor restitutionis factae ignarus
fuerit, satis innuitur a contrario, nondum restitutione
facta transactionem bona fide interpositam ratam fore.
Eo modo, quo et lis ante restitutionem a fiduciario mota
nocet fideicommissario, non item ea, quae post restitutionem demum coepta est.

7º *De eo qui litem cum multis sustinet personis.* — Qui
litem cum multis sustinet personis cum quadam earum
sola transigere potest, aliis non participibus, aliis etiam
invitis : transactio ista valebit. « Neque pactio neque
transactio, cum quibusdam ex curatoribus sive tutoribus
facta, auxilio ceteris est in his, quae separatim commu-
niterve gesserunt vel gerere debuerunt. Cum igitur tres
curatores habueris, et cum duobus ex his transigeris,
tertium convenire non prohiberis[1]. » — « Si ex duobus
tutoribus cum altero quis transegisset, quamvis ob
dolum communem, transactio nihil proderit alteri : nec
immerito, cum unusquisque doli sui poenam sufferat[2]. »

Nunc ad nostrum transeamus caput quartum, et
quaeramus quaenam enumerari possint res de quibus
transigere licet.

[1] L. 1, C., *de Transact.*
[2] L. 15, D., lib. XXVII, tit. III, *de Tutela et rationibus distrahendis.*

CAPUT QUARTUM

DE QUIBUS REBUS TRANSIGI POSSIT

Ante omnia dicendum res vero existere debere, neque
extra commercium videri, et quod magis dubias et
incertas, id est de quibus lis mota sit vel moveri possit.
Ergo, non est transigendum post rem judicatam, nisi
appellata sit vel de ea appellatio intervenire possit, aut
judicatum esse negetur, vel ignoretur an judicatum
fuerit. « Post rem judicatam transactio valet si vel appellatio intercesserit, vel appellare potueris[1]. » — « Post rem
judicatam, etiamsi provocatio non est interposita, tamen
si negetur judicatum esse, vel ignorari potest an sit
judicatum, quia adhuc lis subesse possit, transactio fieri
potest[2]. » — « Si causa cognita, prolata sententia, sicut
jure traditum est, appellationis vel in integrum restitutionis solemnitate suspensa non est, super judicato
frustra transigi non est opinionis incertæ[3]. » — « Si
post rem judicatam quis transegerit et solverit, repetere
poterit, idcirco quia placuit transactionem nullius esse
momenti[4]. »

Transigi potest de juribus in hereditate, si incertum
sit an vel in quantum vocati sint omnes transigentes, ita
ut de cujusque eorum vel aliquorum ex iis juribus lis

[1] L. 7, D., de Transactionibus.
[2] L. 11, D., cod. tit.
[3] L. 32, C., de Transactionibus.
[4] L. 23, § 1, D., de Condictione indebiti, lib. XII, tit. VI.

mota sit vel movenda : aliter, non jam transactionem hic haberemus, sed inter communes divisionem ; et ex hoc sequitur ut istud actum ob læsionem rescindendum foret ; transactio enim ob eam causam rescindi non potest, cum contra inter communes divisio potest rescindi.

De controversiis illis quæ ex testamento profleiscuntur, non transigi licet, nisi tabulis apertis, cognitisque omnibus defuncti voluntatibus ; et si antea transactio interveniat, nulla est, nihil est factum. « Cum facta esset transactio propter fideicommissum inter heredem et matrem defuncti, et postea codicilli reperti sunt : quæro, an quanto nimis ex transactione consecuta mater defuncti fuerit, quam pro parte sua est, id ex fideicommissi causa consequi debeat. Respondit Scœvola debere[1]. » — « Si postea codicilli proferuntur, non improbe mihi dicturus videtur de eo duntaxat se cogitasse, quo illarum tabularum, quas tunc noverat, scriptura contineretur[2]. » Nulla esset transactio, post tabularum inspectioni renunciationem interposita, ne temere subverteretur testatoris judicium, neve testamenta defunctorum occultarentur quæ exitum habere testatoris et reipublicæ interest. Valeret tantum si certo aliunde cognita esset defuncti voluntas.

De alimentis, ut supra in nostro secundo capite diximus, transactio non est interdicta, sed ad eam perficiendam auctoritate opus est prætoris : vidimus qua causa ista sit necessaria auctoritas, quinam sint casus in quibus, illa non interposita, non valeat transactio, quinam contra casus in quibus, ea etiam absente, valeat ; quamobrem ad istam non redibimus materiam, dicemus

[1] L. 3, § 1, D., *de Transactionibus.*
[2] L. 12, D., eod. tit.

tantum, auctoritate prætoris non esse opus si alimenta
per conventionem inter vivos constituta sint, nihil enim
tam naturale est quam eo genere quidque dissolvere quo
colligatum est [1]. Sola voluntas partium hic omnia fecit,
æquum est eamdem solam voluntatem id quod fecit mu-
tare posse. D. Marci oratio ad ea tantum pertinet alimenta
quæ testamento vel codicillis fuerint relicta, vel mortis
causa donata, vel ab eo cui mortis causa donata sunt
relicta.

Cum privatorum pactionibus juri publico derogari non
potest, clare apparet ut transactio, quæ religionem vel
mores vel rempublicam læderet, nulla foret.

De delictis et criminibus dubitatio est an transigi
liceat : inter prudentes istius solvendæ questionis causa
magna est controversia orta : credimus autem omnes
eorum opiniones conciliari per duas distinctiones posse.

Primum distinguere oportet *delicta privata*, id est
furtum, injuriam, damnum injuria datum, et *crimina
publica*, id est illa quorum quisque denunciator esse
potest.

Deinde inter *crimina publica*, distinguenda sunt illa,
quorum causa *reus capitis damnatur*, et ea contra quorum causa alia *quædam pœna* legibus edicta est.

Et primum diximus distingui debere delicta privata et
crimina publica : delictis enim de privatis transigi licet :
« Si tutor qui negotia gerit, aut curator, transegit cum
fure, evanescit furti actio. » — « Qui tutelam gerit
transigere cum fure potest [2]. » Sed, si delicti auctor
notandus fuisset infamia per damnationem, notari etiam

---

[1] L. 35, D., *de Regulis juris*, lib. L, tit. XVII.
[2] L. 54, § ult. et L. 56, § 4, D., Lib. XLVII, Tit. II, *de Furtis*.

debet per transactionem, quoniam intelligitur confiteri crimen qui paciscitur : quod quidem inhumanum est, nulla enim erit veniæ ratio [1]. Confessus pro judicato est, qui quodammodo sua sententia damnatur [2]. »

Crimina autem inter publica, distinguere oportet illa propter quæ reus capitis damnari potest, et ea contra propter quæ non jam capitis sed alius cujusdam pœnæ damnatur : de prioribus enim, citra adulterium, non est interdicta transactio, de alteris autem, sub pœna convicti, excepta falsi accusatione, interdicta : « Transigere vel pacisci de crimine capitali, excepto adulterio, prohibitum non est; in aliis autem publicis criminibus, quæ sanguinis pœnam non ingerunt, transigere non licet, citra falsi accusationem [3]. » Licet enim cuique reo quovis modo sanguinem suum redimere : talis est hujus distinctionis ratio. De adulterio autem vetita est transactio, quia in *lenocinii crimen* incidit de eo transigens [4], et quia, paucis personis, propinquis quidem, ad hujus criminis delationem admissis, iis per transactionem silentibus, facile fœdissimum crimen impunitum maneret, opprobriique domestici, triste dictu! Vindicta pecuniario commodo postponeretur. Neque ulla caret ratione ea de falso transigendi licentia ; nam, licet pœna sanguinis hominibus liberis non fuerit regulariter irroganda, nisi ob concurrentes circumstantias crimen aggravantes, in servis tamen ultimum supplicium ex falsi crimine edic-

[1] L. 5 et 6, § 3, D., de his qui notantur infamia, Lib. III, Tit. II.
[2] L. 1, D., Lib. XLII, Tit. I, *de Confessis.*
[3] L. 18, C., *de Transact.*
[4] L. 14, D., ad *Legem Juliam de Adulteriis,* Lib. XLVIII, Tit. V.

tum est : cum vero nemo de suo statu ita certus esse
potuerit, positis præsertim non rara partuum supposi-
tione, infantium servilium plagito, recens natorum expo-
sitione et similibus, atque adeo fieri potuerit ut liberum
se credens, et pro libero se gerens, probata dein servili
conditione, servili fuisset afficiendus supplicio, proba-
bile est, transactionem de falso eam propter causam
licitam fuisse.

CAPUT QUINTUM

DE TRANSACTIONIS EFFECTIBUS

Ad cunctos plenius exponendos transactionis effectus,
videamus primum cui nocere possit, cui proficere, et de
quibus rebus; deinde, quid adveniat, si clausula quædam ei adjiciatur, vel si quis ei non omnino parere velit.

I. — *Transactionis effectus et eorum fines.*

Velut pactum, transactio nullum producit effectum,
nisi inter convenientes heredesque eorum, et de rebus
tantum de quibus interposita videtur. Quod enim clarissime sequitur ex responsis prudentium, rescriptisque
imperatorum. Nam « cum aquiliana stipulatio, inquit
Papinianus, interponitur, quæ ex consensu redditur,
lites de quibus non est cogitatum, in suo statu retinentur.
Liberalitatem enim captiosam interpretatio prudentium

fregit[1]. » Item Ulpianus : « His tantum transactio obest,
quamvis major annis viginti quinque eam interposuit,
de quibus actum probatur; nam ea, quorum actiones
competere ei postea compertum est, iniquum est perimi
pacto, id de quo cogitatum non docetur[2]. » Similiter
Diocletianus et Maximianus : « Si de certa re pacto
transactionis interposito hoc comprehensum erat, *nihil
amplius peti :* etsi non additum fuerat *eo nomine,* de
ceteris tamen quæstionibus integra permaneat actio[3]. »

Is quidem qui de genere transegerit de speciebus etiam
transigere voluerit; adeoque « sub prætextu specierum
post repertarum, generali transactione finita, rescindi
prohibent jura[4]. »

En pro rebus : ecce nunc pro personis de quibus transactio producit effectus. « Privatis pactionibus, in rescripto quodam dixerunt imperatores Antoninus et Verus,
non dubium est non lædi jus ceterorum. Quare transactione, quæ inter heredem et matrem defuncti facta est,
neque testamentum rescissum videri posse, neque ma-
numissis vel legatariis actiones suæ ademptæ. Quare
quidquid ex testamento petunt, scriptum heredem convenire debent, qui, in transactione hereditatis, aut
cavit sibi pro oneribus heredtatis, aut, si non cavit, non
debet negligentiam suam ad alienam injuriam referre[5]. »

Quum autem alterius jure utitur, non ei ipsi qui transegit nocere potest transactio, sed nocet etiam ei ipsi,
qui non transegit quidem, si ejus qui transegit jure
utatur. Ita Ulpianus : « Qui cum tutoribus suis de sola

[1] L. 5, D., *de Transactionibus.*
[2] L. 9, D., § ult. eod. tit.
[3] L. 31, C., Lib. II, Tit. IV, *de Transactionibus.*
[4] L. 29, C., eod. tit.
[5] L. 3, D., *de Transactionibus.*

portione administratæ tutelæ suæ egerat et transegerat,
adversus eosdem tutores, ex persona fratris sui, cui
heres exstiterat, agens, præscriptione factæ transactionis non summovetur[1]. » Ita etiam Papinianus : « Ven-
ditor hereditatis, emptori mandatis actionibus, cum
debitore hereditario, qui ignorabat venditam esse hereditatem, transegit. Si emptor hereditatis hoc debitum
ab eo exigere velit, exceptio transacti negotii debitori
propter ignorantiam suam accomodanda est. Idem res-
pondendum est, et in eo qui fideicommissam recepit
hereditatem, si heres cum ignorante debitore transegit[2]. »

Ita cognitis rebus et personis in quibus est efficax
transactio, videamus nunc qui sint proprii transactionis
effectus in omnibus casibus qui reperiri possunt. Non
minor est auctoritas transactionum quam rerum judicatarum ; res, cum transactio interposita est, absolute
habetur, recta quidem ratione, velut res judicata : ea
vis autem aperte apparebit nunc in exceptione, nunc
in exstincta omnino actione, ut transactio aut per pactum
conventum aut per stipulationem aquilianam conficietur ;
si interposita est stipulatio aquiliana, qui transegit non
jam adversus alterum, cum eo contrahentem, agere
potest, nulla actio ad eum pertinet ; si contra interpositum est tantum pactum conventum, actio, ut supra
diximus, non est exstincta, existit adhuc ; sed agentem
repellet litis per transactionem finitæ exceptio, rei
judicatæ exceptioni similis. Quibus quidem apertis
effectibus, quomodo res se habebunt ? Duo diversi
casus inveniri possunt : quis transegit ut quid sibi

---

[1] L. 9, D., eod. tit.
[2] L. ult., D., eod. tit.

præstaretur, aut nequid a se peteretur; eos vicissim examinabimus.

1° *Quis transegit ut quid sibi præstaretur.* — Tunc transactio, si quidem intra nudi pacti fines stetit, actionem non dat; sed poterit per veterem agere actionem : et si ei de transactione opponetur exceptio, replicabit quod fidem transactionis rumpat adversarius, id quod promissum est non inferendo : « Quamvis ex pacto non potuit nasci actio, tamen rerum vindicatione pendente, si exceptio pacti exposita fuerit, doli mali vel in factum replicatione usus, poteris ad obsequium placitorum adversarium tuum urgere[1]. »

Si quidem actionem non parit transactio, cum intra nudi pacti fines stetit, cum autem stipulatione roborata est, actionem parit *ex stipulatu,* aut *præscriptis verbis,* si datio quædam vel aliquod factum intercessit[2].

2° *Quis transegit ne quid a se peteretur.* — Tunc stipulatione interveniente Aquiliana, nulla actio adversus eum conceditur, liberatur ipso jure[3]; si contra tantum interpositum est pactum conventum, cum actio non est exstincta per hoc, adversus eum agere adhuc poterit qui cum eo transegerit, sed exceptione tuebitur : qua causa semper securus erit.

II. — *Clausulæ pœnalis effectus.*

Ceterum, sæpe transactioni subjungitur quoque stipulatio pœnalis, et, haud servato forte pacto, pœna ex

---

[1] L. 28, C., Lib. II, Tit. IV, *de Transactionibus, ex Diocletiani et Maximiani rescripto.*
[2] L. 6, C., h. t.
[3] L. 15, C., h. t.

stipulatu peti potest : adeo ut, promissis transactionis causa non impletis, pœnam in stipulationem deductam, si contra factum fuerit, exigere possit stipulator[1]. Cum stipulator, post interpositam stipulationem Aquilianam et acceptilationem, adhibet stipulationem pœnalem, in ipsius arbitrio est an velit juvare se acceptilatione, ut dicat probetque hoc modo sublatam esse ipso jure actionem, an vero consentire, ut adversarius adhuc petat et agat, ac si neque obligatio, neque actio sublata esset. Nec enim facit injuriam qui consentit agere volenti, nec cogendus est juvare se acceptilatione, quæ pro ipso, non contra ipsum interposita est. Non autem quia in ipsius est potestate facere ut actio, ipso jure exstincta, renascatur, sed quia ex stipulatione pœnali apparet id actum fuisse, ut si vel facto ipso peteret is qui jure nullam actionem haberet, perinde committeretur pœna ac si jure peteret. Nam et conditiones sunt facti, et verba conditionum de facto, non de jure, interpretanda sunt.

Uno quidem casu utrumque quis consequi poterit : et pœnam, et ut transactioni stetur; scilicet, si pœnam stipulatus est sub hac lege : *rato manente pacto*. « Qui fidem licitæ transactionis rupit non exceptione tantum summovebitur, sed et pœnam, quam, *si contra placitum fecerit, rato manente pacto*, stipulanti recte promiserat, præstare cogetur[2]. » Hæc enim verba, *rato manente pacto*, sunt, quæ faciunt, ut et pacti et stipulationis pœnalis commodum sentire debeat stipulator, qui alioquin per exceptionem alterutro contentus esse cogeretur, etiamsi pristina actio per acceptilationem ipso jure sublata proponeretur.

[1] L. 15, D. et l. 37, C. *de Transactionibus.*
[2] L. 10, D. *de Transact.* et l. 17 C. eod. tit.

CAPUT SEXTUM

TRANSACTIONESNE RESCINDERE LICET, QUOMODO, ET EX QUIBUS CAUSIS?

Transactio semel perfecta ab omnibus convenientibus
stricte observanda est, et adversus eos, qui transactionis
jurejurando munitæ fidem rumpunt, pœnas gravissimas
statuerunt Arcadius et Honorius : non solum ut actione
priventur, et pœnam, si quæ transactioni inserta est,
restituant; sed etiam ut, rerum dominio carentes, et
omni emolumento, quod ex pactione consecuti fuerint,
ad alterum qui fidem servavit translato, denique infamia
notentur. Ergo, ut ex rescripto sequitur D. Arcadii et
Honorii, recedens a transactione jurata quatuor pœnis
subjicitur : infamia notatur, actionem amittit, pœnam
promissam luit, et accepta restituit[1].

Quibus dictis, quæramus tandem : si, quomodo et cur
transactiones rescindere liceat; et primum : *si liceat.*

I. — *Si transactiones rescindere liceat?*

Nemini licet adversus sua pacta venire : ergo, regula
est ut is qui transegit a transactione non recedat; instau-
rari decisam litem prohibent jura, et, quod magis,
imperatores Diocletianus et Maximianus deciderunt
causas vel lites, transactionibus legitimis finitas, impe-
riali rescripto resuscitari non oportere[2]. Nullus enim

[1] L 41, C., lib. II, tit. IV, *de Transactionibus.*
[2] L. 16, C., *de Transact.*

finis erit litium, si a transactionibus, bona fide interpo-
sitis, cœperit facile discedi[1]. Hæc est regula, sed ut ita
res se habeant, oportet transactionem legitimam esse,
bona fide interpositam et nullo vitio inquinatam, scilicet
dolo, errore, vel læsione. Multæ leges enim nobis ostendunt in quibusdam casibus et quibusdam ex causis transactiones rescindi posse.

II. — *Quomodo transactiones rescindere liceat?*

Si per pactum conventum confecta erit transactio,
rescindetur opposita *replicatione doli* adversus pacti
exceptionem; si contra per Aquilianam stipulationem,
rescindetur per *actionem de dolo*. Quòd enim dicit
Alexander in lege 4, C., *de Transact.*, lib. II, tit. IV:
« Actione administratæ curæ, ab eo qui legitimæ ætatis
annos complevit in Aquilianam stipulationem deducta,
et per acceptilationem exstincta, nullam aliam superesse
nisi *de dolo* intra concessa tempora non ambigitur, nisi
specialiter etiam de dolo transactum sit. »

III. — *Ex quibus causis transactiones rescindere liceat.*

Hic vicissim loquemur de dolo, de errore et de læsione.
A. *De dolo, vi et metu.* — Si quidem dolus intercesserit,
utputa, si dolo instrumenta subtracta, vel celatæ res
fuerint, aut calumniandi animo lis mota fuerit, transactio
irrita fit : reipublicæ enim interest ne rata habeantur,
quæ dolo gesta sunt. Atque in hoc differt transactio a re
judicata, quod hæc ex dolo non fit irrita, sed necessaria
est in integrum restitutio adversus sententiam, trans-

[1] L. 10, C., eod. tit.

actio contra ex dolo ipso vires amittit, quia sententia ex judicis auctoritate vim capit, transactio ex voluntate contrahentium, quibus ideo dolus prodesse non debet[1].

Quod de dolo dicimus, idem potiori ratione dicendum est de metu, ut ex eo transactio infirmetur[2]; rata non habentur quæ vi et metu gesta fuerunt[3], dummodo metus gravis sit, qui in virum constantem cadat, id est gravis mali, et probabiliter impendentis, seu, ut aiunt imperatores Diocletianus et Maximianus, *qui salutis periculum vel corporis cruciatum contineat*[4]. Dolum autem vel metum allegare non sufficit illatum, nisi probetur manifeste intervenisse[5], et is demum vitium allegare potest qui deceptus est, non ipse qui decepit[6].

B. De errore. — Error juris non sufficit ad transactionem rescindendam[7].

De errore autem facti non idem absolute dicendum est; etenim, ex omnibus prudentium legibus et imperatorum rescriptis sequitur ut in principio erroris facti causa non rescindi possit transactio, sed tantum in quibusdam casibus, cum contrahentium vitiet consensum, et eo facile decipiatur homo non levis; nam facti ignorantia ita demum cuique non nocet, si non ei summa negligentia objiciatur; quid enim si omnes in civitate sciant quod ille solus ignorat[8]? Quamobrem nulla erit transactio de his controversiis quæ ex testamento proficiscuntur,

[1] L. 10, C., h. t.
[2] L. 13, C., h. t.
[3] L. 1 et 2, D., *quod metus causa*, lib. IV, tit. II.
[4] L. 13, C., h. t.
[5] L. 22, C., h. t. et L. 13, C., h. t.
[6] L. 30, C., h. tit.
[7] L. 2, C., *de Transact.*
[8] L. 9, § 2, D., *de juris et facti ignorantia*.

nec inspectis nec cognitis testamenti verbis[1]. Item, si ex falsis instrumentis transactiones vel pactiones initæ fuerint, quamvis jusjurandum de his interpositum sit, etiam civiliter falso revelato, eæ retractandæ sunt; ita demum, ut, si de pluribus causis vel capitulis eædem pactiones seu transactiones initæ fuerint, illa tantummodo causa vel pars retractetur, quæ ex falso instrumento composita condicta fuerit, aliis capitulis firmis manentibus[2]. Item deinde si error in persona sit ejus cum quo transigitur; hinc enim Scœvola : « Debitor, cujus pignus creditor distraxit, cum Mævio qui se legitimum creditoris heredem esse jactabat minimo transegit: postea testamento prolato, Scepticium heredem esse apparuit. Quæsitum est, si agat pigneratitia debitor cum Scepticio, an is uti possit exceptione transactionis factæ cum Mævio, qui heres eo tempore non fuerit; possitque Scepticius pecuniam quæ Mævio, ut heredi, a debitore numerata est, condictione repetere, quasi sub prætextu hereditatis acceptam? Respondit, secundum ea quæ proponerentur, non posse ; quia neque cum eo ipse transegit, nec negotium Scepticii Mævius gerens accepit[3]. Item denique si error minoris erit cum tutore transigentis, cum major efficietur, de rationibus tutelæ, non inspectis instrumentis. Citra tamen istos casus et eos qui istis assimilari debeant, error facti non ad rescindendam transactionem sufficit : quod transactionis nomine datur, licet res nulla media fuerit non repetitur[4];

[1] L. 6, D., *de Transact.*
[2] L. penult., C., *de Transact.*
[3] L. 3, D., § 2, *de Transact.*
[4] L. 65, § 1, D., *de Condict. indebit.*

nam si lis fuit, hoc ipsum, quod a lite disceditur, causa videtur esse.

· *C. De læsione.* — Transactionem, bona fide interpositam inter majores et capaces personas, ob læsionem non rescindi posse opinionis non fuit incertæ jure romano; et enim cum ad vim transactionis sufficiat litem fuisse, vel probabiliter timeri potuisse, sponte sequitur, transactionem, ex læsione, sive enormis sit, sive etiam enormissima, rescindi non posse. Præterea, et hæc juris ita in transactione constituti potissima ratio est : qui ex transactione petit non petit quia antea sibi debitum fuisset, sed quia adversarius promisit, se daturum, si alter a lite desistat; ex quo sequitur, non esse inquirendum, an lis justa, an injusta fuerit, dummodo dolus, vis, metus abfuerit, sed an conditio obligationis impleta sit, seu utrum alter a lite destiterit.

Sed inter minores aliter decidendum est : hic transactio ob læsionem rescinditur, quod enim aiunt leges 1 et 2, C., *si adversus Transactionem*[1], cum nobis minores ostendunt in integrum restitutionem adversus transactum propter ætatis auxilium implorantes et obtinentes; præterea quod declarat ista tam celebris regula juris : *Minor restituitur, non quidem ut minor, sed ut læsus.*

Tales sunt causæ ex quibus transactiones rescindi possunt. Et quidem sub prætextu *evictionis* rerum ex causa transactionis traditarum, seu ab eo retentarum apud quem jam constitutæ fuerint, non rescinditur transactio : sed in priore casu præstare debet periculum is qui debet, ideoque actio superest evictionis nomine,

[1] Lib. II, Tit. XXXII.

scilicet vel *præscriptis verbis*, vel *ex stipulatu*, cum contra in posteriore nulla supersit : videtur enim periculum in se suscepisse is qui fundum retinere voluit et de eo ipso transegit [1].

Imo nec retractatur secuta transactio, tametsi postea probetur nullam fuisse transigendi causam, atque indebitum plane fuisse, quod solutum est [2]; sufficit enim, ut supra diximus, si lis fuerit, vel probabiliter impenderit, ut transactio valeat, tanquam de re dubia; nisi tamen evidens calumnia detegatur, quo casu, æquum est, repetitionem dari.

Rescissa autem transactione, nihil factum est, omnia in integrum restituuntur, absolute se habent res velut si nihil interpositum fuisset, nisi tamen cum ob læsionem rescinditur transactio, tunc enim perfici potest, sublata læsione, et quod deficiebat dato, nisi denique cum ob dolum, vel vim, vel metum, tunc enim consensus contrahentium exstitit, inquinatus quidem, sed exstitit, pactumque igitur ratum post haberi potest.

Sed in cunctis aliis casibus, id est, per errorem consensu dato, vel inter incapaces interposita transactione, vel absentibus præscriptis formis, vel transactionis perficiendæ non repletis conditionibus, omnino extinguitur transactio, ab initio nulla est, et, si quid datum fuerit, regulam sequi oportebit quam ostendit D. Marcus, de alimentis loquens : id quod ex causa transactionis super alimentis sine prætore factæ solutum est, in alimenta cedet præterita. Nec interest, tantum in quantitate sit debitum, quantum datum est, an minus,

[1] L. 33, C., *de Transact.*
[2] L. 23, C., h. t.

an plus : nam et, si minus sit, adhuc tamen id quod in
solutum datum est, in præterita alimenta imputabitur.
Sane si is, qui de alimentis transegit, locupletior factus
sit ea solutione, in id quod factus sit locupletior, æquis-
simum erit in eum dari repetitionem : nec enim debet
ex alieno damno esse locuples [1]. Item etiam id quod
solutum est ex causa transactionis inutiliter super re
judicata factæ in causam judicati imputari debet [2].

[1] L. 8, D., § 22, de Transact.
[2] L. 7, D., eod. tit., §§ 1 et 2.

DEUXIÈME PARTIE

DROIT FRANÇAIS

Code civil, livre III, titre xv.

———————

DES TRANSACTIONS

(2044 — 2058.)

———

BUT DE LA TRANSACTION. — HISTORIQUE DE LA RÉDACTION DU TITRE XV DU LIVRE III DU CODE NAPOLÉON.

Prévenir les contestations et terminer les procès déjà existants, tel est le double but de la transaction.

La paix est la première condition du bonheur sur la terre, et les législateurs, pour s'acquitter de leur difficile mission, doivent nécessairement s'efforcer de découvrir tous les moyens propres à l'assurer, et encourager de leurs faveurs la conciliation, sous quelque forme qu'elle se réalise. Nos Codes ont ouvert aux parties trois moyens pour terminer un différend : à côté de la *voie judiciaire*, moyen certain, mais rigoureux, qui est le complément et la garantie de tous les autres, mais qu'ils regardent et qu'ils traitent comme l'*ultima ratio*, ils ont organisé deux autres voies, toutes deux plus favorables et

plus conformes au rôle éminemment conciliateur
qu'ils étaient appelés à jouer en France : la voie
du *compromis*, qui donne aux parties des juges
amiables et de leur choix, et la voie de la *transaction* qui les rend leurs propres arbitres, qui les
renvoie devant la juridiction de leur conscience,
cette juridiction souveraine et sans appel, dont
chacun des verdicts est dicté par l'honneur et le
devoir.

Comme l'a fort bien dit M. Bigot de Préameneu
dans l'exposé des motifs de la loi sur les transactions, qu'il présenta au Corps législatif dans sa
séance du 24 ventôse an XII, « de tous les moyens
de mettre fin aux différends que font naître entre
les hommes leurs rapports variés et multipliés
à l'infini, le plus heureux dans tous ses effets est la
transaction, ce contrat par lequel sont terminées
les contestations existantes, ou par lequel on pré-
vient les contestations à naître. Chaque partie se
dégage alors de toute prévention : elle balance de
bonne foi, et avec le désir de la conciliation, l'avantage qui résulterait d'un jugement favorable et la
perte qu'entraînerait une condamnation ; elle sa-
crifie une partie de l'avantage qu'elle pourrait espé-
rer, pour ne pas éprouver toute la perte qui est à
craindre : et, lors même que l'une d'elle se désiste
entièrement de sa prétention, elle se détermine par
le grand intérêt de rétablir l'union et de se garantir
des longueurs, des frais et des inquiétudes d'un
procès. »

Nous avons présenté dans notre première partie
la législation romaine sur les transactions, et nous

avons montré combien elle était déjà alors exacte
et complète à la fois; une seule chose est à regretter,
c'est que le vieux formalisme romain ait exclu des
cadres du droit civil une convention d'un intérêt
pratique aussi considérable, et, par le fait même,
ait encombré toute cette matière d'une foule de
distinctions souvent subtiles et délicates, au lieu
d'édicter pour elle des règles simples et identiques
pour tous les cas.

Les principes du droit romain, que nous avons
étudiés sur ce point et dont nous avons rencontré à
chaque pas des applications si saines et si justes,
passèrent tout entiers dans notre ancien droit, et
ce furent eux qui régirent la France jusqu'au Code
Napoléon. Domat, dans son *Traité des lois civiles
dans leur ordre naturel*, qu'il publiait à la fin du
XVIIe siècle, ne faisait presque que les reproduire
et les expliquer[1].

Seulement, comme en tant d'autres matières, la
subtilité des commentateurs ne tarda pas à découvrir quelques contradictions entre des textes, et à
soulever des difficultés nombreuses, des contro-
verses profondes, qui firent que, tout en recon-
naissant l'utilité et la nécessité de la transaction,
on la regardait comme une matière hérissée de difficultés : *Hæc materia difficillima et speculativa est*[2].
Chose étonnante! après avoir ainsi préoccupé les
jurisconsultes romains et ceux du moyen âge, la
transaction avait été oubliée par Cambacérès et

[1] Edition revue par M. Carré; Paris, 1822; III, 1.
[2] *Urceolus de Transact.* (Exord. 2.) — VALÉRON, *de Transact.*, proœm. I.

Jacqueminot dans leurs projets, et par la commission nommée par le gouvernement consulaire dans sa première rédaction. Les tribunaux d'appel et le tribunal de cassation protestèrent avec énergie contre une pareille omission, et on ne tarda pas à réparer un si désastreux oubli, en rendant à la transaction la place qui lui était due.

Le projet de loi fut présenté le 17 ventôse an XII (6 mars 1804) au conseil d'État, et adopté par lui à la même séance. Le 17 ventôse, le tribunat en reçut communication officieuse et fit quelques observations; le 22, M. Bigot de Préameneu fit le rapport au conseil d'État, qui adopta le même jour la rédaction définitive du projet.

Le 24, accompagné de MM. Boulay et Dupuy, il présenta au Corps législatif l'exposé des motifs de la loi, dont nous avons extrait tout à l'heure un passage. Le lendemain, la communication officielle fut faite au tribunat, et le 28 ventôse, le tribun Albisson fit le rapport sur le projet à l'assemblée générale du Tribunat qui l'adopta; le 29, le tribun Gillet porta au Corps législatif le vœu qu'elle avait émis, et le même jour fut décrété le projet qui est devenu le titre XV du livre III du Code Napoléon.

Ces notions générales étant connues, le but des transactions ainsi précisé et l'histoire du titre du Code Napoléon qui y est relatif ainsi résumée, arrivons maintenant à l'étude de notre législation sur cette matière et à l'exposé des principes qui la régissent, et sous l'empire desquels nous vivons. Pour mettre plus d'ordre et de clarté dans ce travail, pour traiter avec plus de méthode toutes les

nombreuses questions que nous rencontrerons sur
notre route, nous diviserons notre thèse en *trois*
chapitres : dans le *premier*, nous montrerons quelle
est la *nature* de la transaction et quels sont ses
moyens de *preuve;* dans le *second*, quel est l'*objet*
de ce contrat, quelles sont les *personnes* qui peuvent transiger, et en dernier lieu quels sont les
effets de la transaction ; le *troisième*, enfin, sera
destiné à l'étude des *causes* de nullité et de rescision
des transactions.

CHAPITRE PREMIER

NATURE DE LA TRANSACTION — SA PREUVE

I

Définition de la Transaction.—*Ses différences avec l'acquies-*
cement, le désistement et l'acte confirmatif d'une obligation
rescindable ?

« La transaction, nous dit l'art. 2044, est un
contrat par lequel les parties terminent une contestation née ou préviennent une contestation à
naître. »

Cette définition est-elle bien exacte ? Je ne le crois
pas, et, en effet, les rédacteurs du Code Napoléon,
en copiant ici Domat, ont commis un oubli, involontaire sans doute, mais bien regrettable, et qui

leur fait placer la transaction pour ainsi dire sur le
même rang que l'acquiescement, le désistement et
l'acte confirmatif d'une obligation rescindable,
tandis qu'elle s en distingue profondément, et qu'il
existe entre elle et eux une barrière réellement
infranchissable, élevée par la nécessité de sacrifices
réciproques et de concessions mutuelles qu'elle
suppose avant tout.

Le désistement qu'un demandeur opère de sa
prétention termine évidemment le procès, et
cependant ce n'est pas une transaction; car, et
c'est là, du reste, une différence considérable qui
le sépare du simple désistement de la procédure,
il n'est pas assujetti à l'acceptation du défendeur.

De même, l'acquiescement du défendeur, donné à
la demande dirigée contre lui, termine certainement
le procès, et ce n'est pas pou. cela une transaction ;
en voici la preuve : Le tuteur peut bien, avec l'autorisation du conseil de famille, acquiescer à une
demande formée contre le mineur (art. 464), tandis
qu'il ne peut transiger sur cette même demande
qu'avec l'autorisation du conseil de famille, l'avis
de trois jurisconsultes et l'homologation du Tribunal de 1re instance, après audition du Procureur
impérial (art. 467).

Enfin, l'art. 1338 assujettit la validité d'un acte
confirmatif à l'exécution de conditions fort nombreuses, toutes prescrites à peine de nullité : il veut
que l'acte contienne la substance de l'obligation
confirmée, la mention du vice sur lequel était fondée
l'action en rescision ou en nullité, et l'intention de
réparer ce vice, de telle sorte que, lors même que

ce serait par erreur de droit que l'une de ces formalités n'aurait pas été remplie, l'acte serait nul, car l'article ne fait pas la moindre distinction; et, au contraire, lorsqu'une transaction est faite en exécution d'un titre nul, l'art. 2054 demande seulement pour sa validité que les parties aient expressément transigé sur la nullité; et, comme nous le verrons plus loin, lors même qu'il n'y aurait pas eu transaction sur la nullité du titre, pourvu qu'il eût été réputé valable par l'effet d'une erreur de droit seulement, la transaction serait bonne d'après l'art. 2052.

Il importe donc, on le voit, de ne pas confondre l'acte confirmatif avec la transaction; mais, en présence de la définition pure et simple de l'art. 2044, comment pourra-t-on les distinguer? Quel sera le signe auquel nous reconnaîtrons l'acte confirmatif et la transaction, le *criterium* enfin, qui nous permettra de découvrir la ligne de démarcation qui les sépare? Si les parties ont formellement manifesté leur intention de faire un acte confirmatif, cet acte sera soumis aux dispositions de l'art. 1338; si, au contraire, elles ont déclaré vouloir faire une transaction, on suivra les règles propres à ce contrat. Mais, si elles n'ont pas fait connaître clairement leur volonté, si elles ont employé des termes obscurs, si en un mot le doute est possible, que décider? Eh bien! alors, on considérera si des sacrifices mutuels ont été faits, si des concessions réciproques ont eu lieu, et, suivant qu'on en reconnaîtra l'existence ou non, l'on se trouvera en face d'une transaction dans le premier cas, d'un acte confirmatif dans le second. Ainsi donc, nécessité de cet *aliquo dato, seu retento, seu promisso*, dont parlaient les lois romaines. Voilà le trait caractéristique qui distingue la transaction de l'acte confirmatif, et qui permet de ne pas la confondre avec l'acquiescement et le désistement.

Domat s'exprimait de la façon suivante dans son *Traité des lois civiles dans leur ordre naturel* [1] : « Ce qui est dit dans la loi 38, Code, *de Transact.*, qu'il n'y a point de transaction, si l'on ne donne et ne promet rien, ou si l'on ne retient quelque chose, ne doit pas être pris à la lettre ; car on peut transiger sans rien donner et sans rien promettre, ni rien retenir. Ainsi, celui qu'on prétendrait être caution d'un autre, pourrait être déchargé de cette demande par une transaction, sans que de part ni d'autre il fut rien donné, rien promis, ni rien retenu. » Domat n'a pas vu que l'exemple qu'il citait était tout simplement celui d'un désistement et non pas celui d'une transaction, et que par conséquent il ne pouvait pas s'y agir du consentement de la personne poursuivie comme caution ; il suffisait de lui offrir de renoncer à toute prétention contre elle à cet égard, et de payer tous les frais faits jusqu'alors, les siens comme ceux du demandeur. M. Bigot de Préameneu commit la même erreur dans son discours au Corps législatif, et ainsi s'explique l'inexactitude des termes de notre article. La définition du Code doit donc se compléter ainsi : « La transaction est un contrat par lequel les parties, *au moyen de concessions*

[1] Livre I, titre XIII, sect. 1re.

réciproques, terminent une contestation née ou préviennent une contestation à naitre. »

II
Caractères de la Transaction.

La transaction, disons-nous, est un contrat ; ajoutons que c'est un contrat consensuel, non solennel, synallagmatique ou bilatéral, et commutatif : *consensuel*, car le simple consentement suffit pour le former ; *non solennel*, car son existence et sa validité ne dépendent pas de l'accomplissement de certaines formes spéciales et de rigueur ; l'écrit que l'on dresse à la vérité, aux termes des prescriptions du Code, n'est pas de l'essence de ce contrat, il n'est exigé que pour sa preuve, et l'art. 2044, alin. 2, ne traite pas *de solemnitate*, mais seulement *de probatione transactionis*; *synallagmatique*, ou *bilatéral*, c'est-à-dire qu'il doit y avoir obligation de part et d'autre, sacrifice fait par chacun des contractants ; *commutatif* enfin, car la concession de l'une des parties est censée compensée par la renonciation de l'autre ; c'est là, du reste, ce qui distingue la transaction de la donation, et en effet, les adversaires qui transigent n'agissent pas dans un esprit de libéralité, ils ne font que pourvoir à leur intérêt propre.

III
Conditions nécessaires à la validité de la Transaction.

Puisque la transaction est un contrat, sa validité est nécessairement subordonnée à l'exécution de toutes les conditions exigées pour la validité des obligations conventionnelles en général par l'article 1108; d'après cela :

1º Elle doit avoir un objet, qui sera, selon les cas, un procès né ou un procès à naître, mais qui toujours sera et ne pourra être qu'un droit douteux, une *res dubia, lis incerta et nondum finita,* suivant les expressions des jurisconsultes romains;

2º Elle doit avoir une cause licite, et cette cause sera l'abandon réciproque que se feront les contractants de toutes ou d'une partie de leurs prétentions;

3º Les parties qui transigent doivent jouir de la capacité pleine et entière de disposer du droit, objet de la transaction;

4º Leur consentement doit être libre et réfléchi, et par suite le dol, la violence et l'erreur, du moins l'erreur portant sur la substance même de la chose, seront tout autant de causes de rescision de la transaction (1304).

Telles sont les conditions dont la réalisation est absolument nécessaire pour la validité de la transaction, voyons maintenant quelles sont les différentes formes que peut revêtir ce contrat ou, en d'autres termes, combien on peut reconnaître d'espèces distinctes de transaction?

IV

Différentes espèces de Transactions.

Suivant le point de vue auquel nous nous placerons, nous pourrons distinguer des transactions pures et simples, à terme et sous condition; ou

bien encore des transactions judiciaires et extrajudiciaires :

1° D'abord, disons-nous, des transactions pures
et simples, à terme et sous condition ; et en effet,
la transaction est un contrat, et comme telle, elle
est soumise à toutes les règles de droit commun
sur les obligations conventionnelles, sauf celles
auxquelles il a été dérogé par une disposition spéciale de la loi ; or, il est constant qu'il n'y a eu en
cette matière d'autres dérogations au droit commun
que celles qui consistent à ne pas regarder l'erreur
de droit comme une cause de nullité de la transaction, et à ne pas admettre que la preuve de ce contrat
puisse être faite par témoins même au-dessous de
150 francs. Par conséquent, comme tous les
contrats, la transaction pourra être affectée d'un
terme ou d'une condition, et par suite nous sommes
bien autorisés à distinguer des transactions pures
et simples, à terme et sous condition suspensive ou
résolutoire.

2° Des transactions judiciaires et extrajudiciaires : et en effet, les parties peuvent terminer
leur différend de plusieurs façons : ou bien elles
sont en instance devant un Tribunal, et renonçant
tout à coup à soutenir un procès qui, elles le reconnaissent bien, leur causera peut-être des frais dont
le *quantum* dépassera de beaucoup l'intérêt engagé,
elles rédigent leurs conventions en forme de jugement et les font sanctionner par un Tribunal ; c'est
ce qu'on appelle un *jugement d'expédient*, autrement
dit *un jugement convenu* ; ou bien, en dehors même
de toute instance, elles mettent fin à la contesta-

tion qui les divise par un acte sous seing privé ou devant notaire. Dans le premier cas, on dit que la transaction est *judiciaire*, on la nomme *extrajudiciaire* dans le second.

Remarquons, du reste, qu'on peut très bien terminer par une transaction extrajudiciaire un procès déjà commencé, et que si la transaction judiciaire nécessite absolument une instance devant un Tribunal, et ne peut se former que dans ce seul cas, la transaction extrajudiciaire intervient valablement dans deux hypothèses bien distinctes ; lorsqu'il n'y a entre les parties qu'une simple contestation sans procès engagé à son sujet, et lorsque le procès poursuit déjà son cours et est en voie d'être jugé. En effet, deux adversaires, je le suppose, plaident devant un Tribunal de première instance ; le Président fait son possible pour les concilier, et, dans l'espérance d'une transaction, renvoie l'affaire à huitaine ; deux partis s'ouvrent alors à eux : ou bien, ils rédigent eux-mêmes un jugement convenu et le présentent au Tribunal qui l'homologue, c'est alors une transaction judiciaire proprement dite ; ou bien, au contraire, à l'appel de la cause, les avoués répondent qu'il y a eu transaction par acte sous seing privé ou par acte authentique, et alors le Tribunal ordonne purement et simplement la radiation de l'affaire du rôle ; c'est, dans ce cas, une transaction extrajudiciaire.

Pour bien distinguer ces deux sortes de transactions, nous dirons donc : que la transaction judiciaire est celle qui est homologuée par un Tribunal, et la transaction extrajudiciaire, celle qui, se pas-

sant entre les parties par acte sous seing privé
ou devant notaire, est dépourvue de toute sanction
de la part des Tribunaux.

On s'est demandé si la transaction intervenue
entre des parties en conciliation devant le juge de
paix devait être considérée comme judiciaire ou
comme extrajudiciaire; il faut décider qu'elle est
extrajudiciaire, et c'est le Code de Procédure qui
nous dicte cette décision. L'article 54 *in fine* nous
dit, en effet, que « les conventions des parties,
insérées au procès-verbal de conciliation, n'ont
force que d'obligation privée; » si elles n'ont force
que d'obligation privée, c'est évidemment parce
que le juge de paix, procédant comme conciliateur,
n'exerce aucune juridiction et s'il n'exerce alors
aucune juridiction, il est bien clair que les transactions constatées par son procès-verbal ne peuvent
pas être des transactions judiciaires, qu'elles ne
sont que des transactions extrajudiciaires. Le
procès-verbal de conciliation est un acte authentique dans le sens de l'article 1317 du Code civil;
il fait foi de sa date et dispense de la vérification
d'écritures, mais il n'a pas le privilège de l'exécution
parée et ne peut conférer hypothèque.

On voit, par ce qui vient d'être dit, que la transaction judiciaire a une très grande ressemblance
avec les jugements, puisque la pratique lui en donne
même le nom; mais il n'y a entre elle et eux qu'une
ressemblance, il n'y a pas identité; car, s'il est
vrai qu'elle ne peut être attaquée que par les
voies de recours ouvertes contre les jugements en
dernier ressort et dans les délais fixés par la loi,

s'il est vrai que les tiers aux droits desquels elle
porte atteinte ne peuvent agir contre elle, comme
contre les jugements qui leur préjudicient, que
par la voie de la tierce opposition, il est également vrai : 1º qu'elle ne peut être attaquée au fond
que si elle est entachée d'une cause de nullité ou
de rescision, car il s'agit en réalité d'un contrat ;
2º que si l'un de ses chefs est annulé, elle tombe
frappée par le même coup, car elle forme un tout
indivisible, une unité simple et indécomposable,
tandis que les jugements, au contraire, peuvent
être réformés sur certains chefs et confirmés sur
certains autres.

V

Nature de la Transaction.

Nous avons vu ce que c'est que la transaction,
nous savons combien elle comprend d'espèces, il
s'agit de voir maintenant quelle est véritablement
sa nature : est-elle translative ou déclarative de
propriété? Nous touchons ici à une des questions
qui ont le plus longtemps préoccupé la doctrine et
la jurisprudence, à une de ces questions où les
idées les plus contraires et les opinions les plus
opposées se sont heurtées, chacune se présentant
comme l'expression pure et simple de la vérité, et,
à ce titre, se croyant de droit à l'abri de toute
critique. Hâtons-nous de dire, du reste, que la
lumière n'a pu faire autrement que de jaillir de ce
conflit d'opinions, qui seul peut diriger dans la
recherche de la vérité, lorsqu'il n'est animé que par

le désir du bien et alimenté que par le savoir et l'expérience.

Avant d'entrer dans la discussion de notre question et l'exposé des différents systèmes qui se sont présentés pour la résoudre, il importe de bien montrer l'intérêt pratique qui se rattache à sa solution. Cet intérêt peut se manifester à quatre points de vue bien distincts :

1° Et d'abord, si la transaction est translative de propriété, elle donne ouverture à la garantie en cas d'éviction; il y a eu entre les parties une sorte de vente, et la qualification de transaction dont on l'a revêtue n'a pas pu la soustraire aux règles générales de la vente. Si, au contraire, elle n'est que déclarative de propriété, alors il est bien certain qu'il ne peut plus s'agir là de garantie; que la partie évincée, reconnue seule et unique propriétaire, doit subir seule aussi toutes les chances inhérentes à cette reconnaissance; l'*alea* est ici une conséquence nécessaire de la déclaration, de l'aveu de son adversaire.

2° De plus, si la transaction est translative, elle constitue alors tout naturellement en elle-même un titre propre à fonder la prescription à fin d'acquérir. Si, au contraire, elle n'est que déclarative, tout reste en l'état; le titre que l'une des parties invoquait pour établir sa propriété doit être la loi de sa possession; la transaction n'est plus la consécration d'un droit nouveau, c'est la reconnaissance d'un titre préexistant, l'aveu d'un droit antérieur, *non est titulus, sed tituli prætensi confessio*, suivant la forte expression de d'Argentrée. (*Cout. de Bretagne,* art. 206, cap. III de tit. *Pro transacto.)*

3° Toujours pour les mêmes raisons, au premier cas, la transaction doit être soumise à la transcription hypothécaire, instituée par la loi du 23 mars 1855, au point de vue de la mutation de la propriété, car, aux termes de l'art. 1, n° 1, de la loi, il y a lieu de transcrire « tout acte entre vifs, translatif de propriété immobilière ou de droits réels susceptibles d'hypothèque. » Au second cas, au contraire, la transcription est superflue, car le droit préexistant que reconnaît la transaction, ce droit qu'elle énonce et qu'elle confirme, repose sur des titres antérieurs dont la transcription est suffisante, en tant qu'ils sont de nature à être soumis à la formalité.

4° Enfin, si la transaction entraine fatalement avec elle une transmission de propriété, il est clair que le fisc, au lieu du droit fixe d'enregistrement de l'acte qui est de 3 francs, pourra percevoir un droit proportionnel de mutation qui sera, suivant les cas, celui qui est prescrit pour les obligations de sommes d'argent, ou celui qui est exigé pour les translations à titre onéreux de propriétés mobilières ou immobilières. Si, au contraire, elle n'est que déclarative de propriété, aucun droit proportionnel ne peut être perçu; il n'y a pas eu de mutation, et partant, point de droit proportionnel à percevoir; reste seul le droit fixe prévu et exigé par l'art. 68, § 1, n° 45 de la loi du 22 frimaire an VII.

L'intérêt qui se rattache à notre question est donc des plus importants, et il suffit à nous expliquer comment sa solution a pu si longtemps préoccuper l'école et le palais.

Abordons maintenant la discussion, et tout
d'abord détachons du débat tous les points certains qui ne peuvent donner lieu à contestation,
pour réduire à ses véritables limites le domaine de
la difficulté qui doit nous occuper. Il est bien clair
que le moindre doute ne peut pas naitre à l'endroit
des immeubles ou des droits réels étrangers au
litige, et cédés pour amener l'abandon du procès :
Si, par exemple, Primus et Secundus, entre lesquels
la maison *A* est en litige, conviennent, d'une part,
qu'elle restera à Primus, et d'autre part que Secundus recevra en échange de sa concession une maison *B* appartenant à Primus, cet arrangement
sera bien certainement translatif de propriété
quant à la maison *B*, et par conséquent la transaction pourra ici donner lieu à la garantie, servir
de titre à la prescription et enfin être soumise à la
transcription et à la perception d'un droit proportionnel de mutation. Il en serait de même si Primus conservait la maison *A*, à la charge par lui
de consentir sur la maison *B* un droit d'usufruit
au profit de Secundus, ou d'abandonner une
servitude qu'il a sur l'un des biens de ce dernier :
la transaction serait évidemment alors constitutive,
ou extinctive d'un droit réel. On devrait décider de
même dans le cas où l'une des parties s'engagerait
à payer à l'autre une somme ou telle autre valeur
assez élevée pour servir de prix à l'immeuble
qu'elle obtient ou qu'elle conserve ; car nous nous
trouverions alors en face d'une vente véritable, dé-
guisée sous l'apparence trompeuse d'une transaction, et, comme l'a fort bien dit Pothier dans son

Traité de la Communauté (n° III) ; « *Magis quod actum quam quod scriptum inspiciendum.* »

D'après cela, notre question se réduit singulièrement, et on peut, il me semble, la poser ainsi : La transaction est-elle déclarative ou translative de propriété relativement aux objets litigieux? C'est relativement à ces objets, et relativement à eux seuls, que la nature de la transaction peut occasionner quelque controverse ; et encore faut-il supposer qu'ils sont attribués par portions à chacune des parties, ou, si l'une d'elles les obtient en totalité, que la somme ou valeur qu'elle s'engage à payer en retour de cette concession est trop minime pour constituer l'équivalent ou le prix de ce qu'elle reçoit ou qu'elle conserve ; car autrement, comme nous venons de le voir, nous n'aurions plus une transaction, mais une vente et rien qu'une vente.

Voici donc l'hypothèse qu'il faut imaginer pour bien comprendre la portée de notre question : Primus détient comme propriétaire un immeuble sur lequel Secundus prétend avoir un droit de propriété. Un procès s'engage entre eux : chacun apporte ses titres, présente ses moyens de preuve, puis, alors que le résultat de la lutte est incertain, ils y coupent court et conviennent, par transaction, soit que Primus restera propriétaire, sauf à fournir un dédommagement à Secundus, soit que celui-ci aura la propriété et fera en retour une concession ou un sacrifice à Primus. Quel est le caractère de ce contrat? Quatre systèmes se sont présentés, chacun lui donnant une qualification propre, une qualification distincte.

Le premier, soutenu notamment dans notre ancien droit par TIRAQUEAU (*Du retraict lignagier,* § 1, gl. 14, n°s 60 et suiv.), déclarait que, Primus et Secundus ayant, par l'interprétation qu'ils ont faite des conventions ou des titres sur lesquels chacun d'eux fondait sa prétention, substitué à des droits douteux un droit désormais certain, et constitué une situation stable et définitive, la transaction avait été translative en toute hypothèse, soit qu'elle eût laissé l'immeuble à Primus qui le détenait, *dato aliquo pretio,* soit qu'elle l'eût fait passer entre les mains de Secundus qui le revendiquait.

Le deuxième, défendu par des auteurs plus nombreux, POCQUET DE LIVONNIÈRE, *(Des Fiefs,* liv. III, chap. 4, sect. 7; liv. v, ch. 5, sect. 4); FONMAUR, *(Des lods et ventes,* n° 214); BASNAGE, (p. 216); DUPINEAU (sur l'art. 360 de la Coutume d'Anjou); PIERRE DE L'HOMMEAU *(Maximes générales du droit français,* liv. III, part. II, p. 10, max. 187), reconnaissait à la transaction un double caractère; il la déclarait une opération à double face, tour à tour déclarative ou translative de propriété : déclarative, lorsqu'elle maintenait Primus propriétaire de l'immeuble qu'il détenait, et translative au contraire, si en définitive elle dépossédait Primus et donnait l'immeuble à Secundus. La Coutume d'Anjou l'avait consacrée dans son art. 360, en des termes remarquables par leur énergie et leur concision : « En transaction, décidait-elle, où il y a mutation de possesseur de la chose avec cession et transport de propriété ou de droit que le possesseur y prétendrait, y a retrait, aussi y a ventes, lesquelles se doivent payer à la raison de ce qui a esté baillé et payé par celuy qui est fait nouveau possesseur de la chose ; mais quand par la transaction n'y a ni transport ni mutation de possesseur, celui à qui demeure la chose pacifique ne doit aucunes ventes, et n'y a retrait, posé qu'il ait baillé argent ou autre chose par ladite transaction. »

Le troisième soutenait que, les parties au procès s'étant bornées à faire respectivement le sacrifice d'une portion de leurs droits ou de leurs prétentions dans un intérêt de conciliation et de paix, la transaction n'impliquait, en aucun cas, l'idée d'une transmission de propriété : en un mot, il admettait que la transaction n'était et ne pouvait être que déclarative de propriété. C'était l'opinion que DUMOULIN, D'ARGENTRÉE, POTHIER, DELUCA, avaient adoptée et qu'ils consacraient dans des passages trop nombreux que nous ne voulons pas rapporter ici : qu'il nous suffise de dire qu'appuyée par l'autorité puissante de jurisconsultes aussi éminents, elle avait fini par être la seule admise, et que la doctrine et la jurisprudence, par un de ces concerts vraiment trop rares entre elles, mais toujours désirables, s'étaient unies pour l'adopter définitivement comme la seule conforme à l'équité et au vrai droit. Les auteurs modernes suivirent à peu près tous les errements du passé : Merlin, Championnière et Rigaud, Valette, Troplong, Aubry et Rau, Demante, Paul Pont décidèrent à l'envi que la transaction est simplement déclarative de propriété et la Cour de cassation consacra

la même opinion dans l'arrêt qu'elle rendit, en
chambres réunies, le 12 décembre 1865 (D. P. 1865,
I, 457)[1]. Tout récemment un quatrième système s'est
présenté : M. Mourlon en a été le défenseur le plus
ardent, et, j'en suis persuadé, le plus convaincu ;
car, et c'est du reste ce qu'il dit très-bien dans son
Traité de la Transcription[2], après des adhésions
aussi unanimes, le procès semblait jugé en dernier
ressort. « Nous croyons cependant, ajoute-t-il,
pouvoir en appeler. L'autorité des noms et la
possession ne sont, après tout, que des présomptions, des préjugés, considérables sans doute,
contre lesquels il n'est point permis de s'inscrire
à la légère, mais qu'en fin de compte il est de
notre devoir de combattre quand la réflexion nous
a convaincus qu'ils n'ont servi qu'à obscurcir la
vérité. » Nous verrons plus tard si c'est avec raison que l'illustre commentateur du Code Napoléon
a osé élever la voix contre une doctrine aussi bien
assise et si longtemps adoptée. Quelques mots
maintenant sur le système nouveau qu'il présente,
et dont il s'improvise le champion dans l'arène
du droit.

Pour M. Mourlon, les transactions ne sont jamais
simplement déclaratives ; ce n'est que par exception
qu'elles sont *translatives ;* en principe, elles sont
extinctives du droit qu'elles ont pour objet : *translatives,* lorsque l'acte que font les parties a une si
grande analogie avec la cession dont parle l'ar-

[1] Enregistrement contre dames Bohot et Muteau.
[2] Tome I, p. 178.

5

ticle 1701 qu'il doit être soumis aux mêmes règles
et régi par les mêmes principes : cela arrive dans
tous les cas où un tiers prétendant élève des
contestations sur la propriété de l'objet litigieux,
ou bien où l'on craint son intervention ; *extinctives,*
au contraire, quand deux parties seulement sont
aux prises, et qu'au moment où elles transigent
rien ne fait présumer que l'objet en litige pourra
être réclamé plus tard du chef d'une tierce personne, ou bien, *à fortiori,* quand, par la nature
même du droit, il est certain qu'il ne peut exister
de débat qu'entre elles et entre elles seules, car
alors la transaction se sépare complétement de la
cession. Et, partant de cette donnée, M. Mourlon
déclare que la transaction est soumise, dans toutes
les hypothèses, à la nécessité de la transcription
hypothécaire : et, en effet, si, comme dans le premier cas, elle est translative de propriété, rien de
plus simple et de plus logique, l'art. 1er, § 1er et
l'art. 2, § 1er de la loi du 23 mars 1855 l'exigent
absolument; si au contraire, et comme dans le
second cas, elle est extinctive, alors encore elle
y sera soumise, non plus, il est vrai, en vertu du
§ 1er des articles 1 et 2, mais en vertu du § 2e des
deux mêmes articles, ainsi conçus :

« Art. I. — Sont transcrits au bureau des hypothèques de la situation des biens : 1º tout acte entre-
vifs, translatif de propriété immobilière ou de
droits réels susceptibles d'hypothèques; 2º tout
acte portant renonciation à ces mêmes droits, etc...

« Art. II. — Sont également transcrits : 1º tout
acte constitutif d'antichrèse, de servitude, d'usage

et d'habitation; 2° tout acte portant renonciation à ces mêmes droits, etc... »

Tels sont, en somme, les quatre systèmes, complétement différents, on le voit, qui se sont présentés pour trancher notre question : l'un soutient que la transaction est *translative;* l'autre qu'elle est, suivant les cas, *déclarative* ou *translative;* le troisième, qu'elle est toujours *déclarative;* le quatrième, enfin, qu'elle est, en principe, *extinctive,* mais exceptionnellement *translative.*

Le premier ne pouvait pas résister à un examen sérieux. Quelle est, en effet, l'intention commune des parties qui transigent? Est-ce que l'une d'elles veut réellement transférer à l'autre un droit certain, un droit qu'elle reconnaît et qu'elle déclare posséder sur la chose en litige; mais alors ce n'est plus une transaction; la transaction suppose avant tout la *res dubia,* la *lis incerta* des jurisconsultes romains, et là où il y a droit certain, droit sans conteste, il peut y avoir cession, il peut y avoir vente, mais jamais il n'y aura transaction. Il est évident qu'en terminant le procès, ou en le prévenant, aucun des adversaires n'a rien voulu abdiquer du droit qu'il croyait avoir : tous les deux ont voulu acheter leur repos et leur tranquillité au moyen de sacrifices réciproques; chacun, soit que la transaction lui donne une possession qu'il n'avait pas, soit qu'elle le maintienne dans la possession qui lui était contestée, chacun d'eux a voulu avant tout terminer le différend qui les séparait, et dans ce but il a pris une partie de l'objet litigieux, qu'il croyait lui appartenir en totalité.

Peut-on voir là quelque chose qui implique une transmission de propriété? Pour qu'il y ait transport de propriété, il faut deux actes bien distincts: une renonciation, d'une part, et une acceptation de l'autre. Primus se dessaisit d'un droit qu'il savait avoir, et Secundus accepte ce même droit qu'il savait ne pas avoir.

Ici, au contraire, tout est dans le doute; partant, point d'acceptation, point de renonciation possible; qui dit acceptation et renonciation dit acceptation de quelque chose et renonciation à quelque chose de certain.

Si l'on peut voir dans notre contrat un semblant de renonciation, l'on ne peut y voir, à coup sûr, une acceptation, car la partie qui seule pouvait la faire se prétendait également fondée en droit, et n'entendait pas qu'une aliénation fût faite à son profit, par conséquent nous ne nous trouvons pas ici en face d'une transmission réelle, effective.

Dans une vente, il y a un vendeur et un acheteur; dans une cession, il y a un cédant et un cessionnaire; dans toute transmission de propriété, enfin, il y a une partie qui transmet et une autre à laquelle on transmet; dans la transaction, au contraire, où sera le vendeur, et où l'acheteur? où sera le cédant, et où le cessionnaire? Il peut se faire que ce soit Primus, mais il peut se faire aussi que ce soit Secundus; rien n'est certain, et c'est de ce doute même que naît la transaction : c'est donc là un acte qui ressemble profondément à une transmission, mais qui n'en est pas une.

Il y a entre les parties je ne sais quel rapport qui

ressemble singulièrement à l'état d'indivision : sur chaque molécule de l'objet litigieux, existe ce que nous pourrions appeler imparfaitement un concours de croyances à l'existence de droits rivaux ; de ce concours résulte fatalement la nécessité d'un partage, qui sera et ne pourra être, comme tous les partages possibles, que déclaratif de propriété.

Le premier système ne peut donc se soutenir, et on s'explique facilement comment il se fait qu'il soit si vite tombé dans le délaissement et l'oubli.

Le deuxième, qui approchait de la vérité par la concession qu'il faisait pour le cas où la chose litigieuse restait entre les mains de celui qui la détenait, ne l'atteignait pas encore, et l'idée sur laquelle il faisait reposer toute sa distinction était complétement inexacte ; car, en présence d'une transaction véritable, le changement de possession est la chose du monde dont il y a le moins à s'occuper : comme nous l'avons vu tout à l'heure, le point à rechercher n'est pas celui de savoir lequel des deux contractants était le véritable propriétaire, car c'était là précisément l'objet du litige, du débat qu'ils ont voulu prévenir ou terminer, sans que la justice eût à statuer sur leur différend ; le point unique à rechercher, c'est leur commune intention. Ici se présentent dans toute leur force contre la seconde partie de ce système toutes les objections que nous avons fait valoir pour renverser le premier ; l'idée d'une translation de propriété ne peut être admise ici dans aucun cas, par cette raison bien simple qu'une translation suppose avant tout l'acceptation d'une renonciation, et que cette acceptation ne peut pas être constatée dans le fait de la personne au profit de laquelle semble avoir eu lieu une renonciation, car à ses yeux assurément on ne fait que lui laisser ce qui lui appartient, et reconnaître la justice de sa contestation.

Restent donc aux prises deux systèmes : celui qu'a soutenu M. Mourlon, et celui que consacre la jurisprudence et qu'enseigne la grande majorité des auteurs. Quant à nous, nous croyons que la transaction est simplement et dans tous les cas déclarative de propriété, et nous adoptons par conséquent le troisième des systèmes que nous avons eus à exposer sur cette grande question. L'autorité et le texte, comme l'esprit de nos lois, ont motivé cette décision.

Et d'abord, disons-nous, l'autorité : dans le droit romain, en effet, on admettait déjà presque généralement que la transaction était déclarative ; la loi 33, *C. de Transactionibus*, qui traite de la garantie en cas d'éviction, était on ne peut plus formelle à cet endroit, et le fameux adage : *Qui transigit alienat*, ne réglait qu'une question de capacité ; notre ancien droit fut encore plus précis ; Dumoulin disait : « *Clarum est quod nullum dominium transfertur, nec novum jus, nec novus titulus adquiritur, sed sola liberatio controversiæ* [1]. » D'Argentrée posait le principe sans la moindre hésitation et avec la plus grande clarté : « *Eum qui rem ex transactione obtinuit, rem habere videri ex eo titulo quem in lite*

---

[1] § 33, glos. I, n° 67.

deduxerat..... Transactio litem et ambiguitatem diri-
mit, sed materiam primariam juris non generat.....
Non est titulus, sed tituli prœtensi confessio [1]. » C'était
aussi l'avis de Pothier : « *Lorsque l'une des parties,*
disait-il, *obtient ou conserve la chose litigieuse,*
l'argent qu'elle paie en retour constitue, non point le
prix de cette chose, mais le prix du désistement de
l'autre partie. Aussi est-elle réputée en avoir acquis
la propriété en vertu de son titre originaire [2]. » Qu'il
nous suffise, enfin, de citer le témoignage de
Deluca, qui s'exprime ainsi dans son traité *De feu-*
dis [3] : « *Id quod transigens obtinet, non dicitur obti-*
nere jure novo, sed jure primœvo. »

Serait-il possible que les rédacteurs de nos lois
eussent dérogé ici à de si puissantes autorités ?
Nous ne le croyons pas, et nous allons en fournir immédiatement la preuve en présentant successivement trois arguments que nous tirerons, le
premier, de l'art. 2052 du C. N.; le second, de
l'énumération faite par la loi des causes de rescision des transactions; et le troisième, enfin, de
la loi du 22 frimaire an VII sur l'enregistrement.

1° Et d'abord, l'art. 2052, en décidant que les
transactions « ont, entre les parties, l'autorité de
la chose jugée en dernier ressort, » établit entre
elles et les jugements, sinon une identité complète,
au moins une analogie très grande : or, les jugements n'éteignent et ne déplacent pas les droits

[1] Sur l'art. 266 de la Coutume de Bretagne, chap. 3.
[2] Vente, n° 646 et Communauté n° 104.
[3] Disc. 47, n° 9.

engagés au procès, ils les reconnaissent seulement, ils les fixent et les consolident en indiquant celle des parties qui en est investie ; en un mot, et pour préciser leurs caractères, ils sont *déclaratifs*, et non pas *translatifs* de propriété. Pourquoi les transactions auraient-elles un tout autre caractère ? Pourquoi seraient-elles translatives, alors que la loi les range sur la même ligne que les jugements qui sont déclaratifs ; elle ne dit pas qu'elles ont plus d'autorité que les jugements ou qu'elles en ont moins, elle leur reconnaît purement et simplement « l'autorité de la chose jugée en dernier ressort. » On ne peut être plus clair, plus précis, plus catégorique, et la moindre controverse sur ce point semble, sinon impossible, au moins bien invraisemblable et bien difficile à soutenir. On résiste pourtant et l'on nous dit : « L'assimilation que la loi fait de la transaction au jugement n'est pas complète, absolue ; elle n'existe qu'à un certain point de vue, et ce qui le prouve, c'est le lien qui rattache l'art. 2052 aux art. 2053 à 2058, et, si on lit successivement toute cette série d'articles, on reste convaincu que l'assimilation établie par le C. N. a trait seulement aux causes de rescision. Les transactions ont l'autorité de la chose jugée, parce qu'elles en ont l'irrévocabilité, et elles en ont l'irrévocabilité, parce que, de même que les jugements, et à la différence des contrats ordinaires, elles ne peuvent pas être attaquées pour cause d'erreur de droit [1] » Nous ferons immé-

[1] MOURLON, *Transcription*, p. 180.

diatement remarquer que toute cette argumentation, en apparence si logique, n'est qu'une suite
d'affirmations purement arbitraires, et nous rappel-
lerons avant tout qu'une des règles de droit les
plus élémentaires et les plus fondamentales, c'est
qu'il faut toujours en principe interpréter une disposition de la loi dans le sens où elle peut produire
quelque effet : or, si l'on attribue seulement au
§ 1 de l'art. 2052 le sens que lui donnent nos
adversaires, à savoir que les transactions ont l'irrévocabilité de la chose jugée en dernier ressort, on
rend cette première partie de notre article complétement inutile, car tout ce qu'on lit à la suite ne
fait que reproduire et développer la même idée.
Mais nous voulons faire la part plus belle à nos
contradicteurs, nous voulons pour un moment
supposer avec eux que le doute soit ici possible
sur l'intention du législateur : une décision quelconque devra reposer sur des motifs détermi-
nants; quels arguments invoqueront-ils à l'appui
de celle qu'ils nous présentent ? Des considérations
morales et un texte.

D'abord des considérations morales... Ils déclarent, en effet, que l'assimilation des transactions
aux jugements blesserait la morale, et pour le
prouver ils proposent l'espèce d'une transaction
et l'analysent : « J'affirme, nous dit M. Mourlon,
que telle maison que vous possédez m'appartient;
de là, entre nous, litige. Nous convenons que la
maison vous restera, mais qu'en retour de la
concession que je vous accorde, vous me donnerez
la somme de 1,000 francs. — Traduisons cette

convention dans le sens que *nos adversaires* y attachent : la maison que vous possédez, serai-je censé vous dire, est bien réellement à vous : je n'y ai aucun droit, j'en fais volontiers l'aveu. Mais, comme certaines apparences existent à mon profit, je puis vous faire un procès, et avec un peu d'habileté, triompher peut-être. Donc, ou donnez-moi 1,000 francs, ou je vous traîne devant les tribunaux. N'est-il pas vrai qu'ainsi entendue, la transaction a tous les caractères d'une violence morale, et se résume, s'il nous est permis de dire la chose dans toute son énergie, en une espèce de *chantage?*... A moins donc d'admettre un acte déloyal, l'aveu ne peut se rencontrer dans la transaction ; il va contre sa nature même : car, par cela seul que je transige, j'affirme que dans ma conviction le droit contesté existe non en la personne de mon adversaire, mais en la mienne. » La traduction que fait M. Mourlon de la convention formée entre les cocontractants est-elle bien exacte? Nous ne le pensons pas, elle ne tient aucun compte des caractères propres de la transaction, et par conséquent toute l'argumentation dont elle est la base tombe à faux. Et, en effet, la transaction ne peut par essence intervenir que lorsque le droit contesté est réellement douteux, et lors seulement que les parties se font des sacrifices mutuels : le langage que M. Mourlon place dans la bouche de l'une d'elles est absolument exclusif de toute transaction, elle ne peut en tenir d'autre que celui-ci : « Je revendique tel immeuble que vous possédez, dira-t-elle;

je fais reposer ma prétention sur le titre que voici ; vous basez votre résistance sur un autre titre : notre droit est donc incertain, et nous allons, pour le soutenir, nous engager dans un procès peut-être bien long, bien pénible, et, sans nul doute, bien coûteux. Transigeons, donnez-moi 1,000 francs, je vous laisse l'immeuble. »

Tel est le langage que nécessite impérieusement toute transaction : or, bien certainement, ainsi conçu, loin de supposer une intention déloyale chez celui qui le tient, il ne suppose de sa part autre chose qu'un aveu et une reconnaissance du droit de son adversaire, qui continue à posséder en vertu de son titre ancien et non pas en vertu d'un titre nouveau : il possède parce que, dans sa conviction intime, il est ce qu'il a toujours été, propriétaire envers et contre tous.

Les considérations morales de M. Mourlon ne sont donc, on le voit, d'aucune influence sur la solution de cette grave controverse ; aura-t-il été plus heureux dans le choix de ses textes ? Nous allons le voir immédiatement : c'est l'art. 2048 qui est le point de départ de toute son argumentation, cet article est ainsi conçu : « Les transactions se renferment dans leur objet ; la *renonciation* qui y est faite à tous droits, actions et prétentions, ne s'entend que de ce qui est relatif au différend qui y a donné lieu. » La loi, nous dit-on, déclare que la transaction contient une renonciation ; si elle contient une renonciation, elle constitue donc un acte abdicatif de la part de celui qui renonce. Or, cela étant posé, deux hypothèses peuvent se pré-

senter : ou bien il y a trois prétendants en
concours à la propriété d'un même objet litigieux,
ou bien il n'y en a que deux. Dans le premier cas,
si deux des trois concurrents viennent à transiger,
l'acte qu'ils font n'est autre que celui dont parle
l'art. 1701, 3°, c'est-à-dire une cession de droits
litigieux ; les deux hypothèses sont absolument les
mêmes, et doivent par conséquent être régies par
les mêmes règles ; « elles sont identiques de tous
points ; en réalité, elles n'en font qu'une ; or, si la
loi en a traité au titre de la vente, c'est qu'elle a
voulu embrasser dans la même disposition toutes
les opérations qui, de même que la cession proprement dite, font passer le droit litigieux de l'une
des parties à l'autre. » — Dans le second cas, au
contraire, il n'y a plus une cession aussi bien
caractérisée, mais il y a toujours, et ce que l'on
ne pourra jamais faire disparaître, il y a, dis-je,
toujours une renonciation, et par suite, si la transaction revêt parfois le caractère de cession, elle
ne perd jamais le caractère de renonciation que
lui donne l'art. 2048. Il faut l'avouer, cet argument
paraît des plus concluants et ne manque pas, au
premier aspect, d'embarrasser quelque peu. Notre
réponse, nous l'espérons, suffira cependant pour
le renverser aussi victorieusement que possible.

Quant à la première hypothèse que prévoient
nos adversaires ; elle n'a pas, selon nous, la moindre importance pour la question qui nous occupe ;
de quoi s'agit-il, en effet, dans l'art. 1701 ? il s'agit
purement et simplement d'une question de retrait
litigieux ; la loi déclare qu'on ne pourra pas exer-

cer le retrait dans trois cas bien distincts parmi lesquels figure celui où le droit litigieux a été transmis au possesseur de l'héritage sujet à ce droit, et c'est là, du reste, une conséquence logique, une conséquence absolument nécessaire des motifs qui lui font admettre le retrait, et qui consistent à regarder avec la plus grande défaveur ces spéculateurs éhontés qui cherchent un gain dans les ruses de la chicane. Or, si la loi parle de la cession de droits litigieux et des retraits qu'elle peut susciter au titre de la vente, le motif en est bien clair, ce n'est pas assurément parce qu'elle regarde la transaction comme translative de propriété, c'est tout simplement parce que la cession de droits litigieux, celle qui motive le retrait, est toujours et nécessairement faite à des tiers, et que par là même c'est une vente aléatoire ; il ne peut pas s'agir de transaction, là où il s'agit d'un acte où des tiers, étrangers au procès, sont parties. La loi, en décidant que le retrait ne peut pas avoir lieu dans le cas où c'est le possesseur de l'héritage sujet au droit litigieux qui est le cessionnaire[1], la loi, dis-je, ne s'est pas le moins du monde déclarée sur notre question, et il faut vraiment avoir à

[1] Qu'on n'essaye pas ici de retourner contre nous les expressions de *cession* et de *cessionnaire* que le Code emploie, car il ne pouvait pas en employer d'autres pour qualifier un acte qui offrait tant d'analogies, et en apparence une identité parfaite avec celui dont il avait parlé jusque là, et les jurisconsultes qui ont rédigé cet article, hommes pratiques avant tout, ne pouvaient pas, au milieu des préoccupations dont ils étaient assaillis de toutes parts, remarquer que, les personnes changeant, la nature de l'acte changeait aussi.

soutenir une cause désespérée pour en faire reposer toute la défense sur la simple place d'un article.

Pour en finir complétement avec cette première hypothèse, nous poserons ce dilemme à nos contradicteurs : De deux choses l'une, leur dirons-nous : ou bien c'est une cession véritable que les parties ont voulu faire, et cela arrivera particulièrement toutes les fois que le procès portera sur le *quantum* du droit litigieux et non pas sur l'existence même de ce droit, ou que le retrayant aura tout lieu de croire que, par la réunion sur sa tête du titre d'un de ses adversaires à celui qu'il invoque lui-même, il triomphera facilement des prétentions de son troisième concurrent, et alors nous ne nous trouverons plus en présence d'une transaction véritable, mais en présence d'une cession mal qualifiée, *Non sermoni res, sed rei est sermo subjectus* (1156, C. N.); ou bien elles ont réellement voulu transiger, voulu acheter leur tranquillité respective, au prix de concessions réciproques, ce qui arrivera toutes les fois que l'acte passé par elles interviendra sur un droit incertain et douteux, car l'incertitude et le doute sont, comme nous avons déjà eu plusieurs fois occasion de le remarquer, de l'essence même de la transaction, et alors derrière la cession apparente, la cession fictive, se dressera la transaction véritable, la transaction telle que l'a faite la loi, la transaction dont la nature est controversée et dont nos adversaires n'ont pu, dans ce cas même, établir le caractère translatif.

En résumé, ce sera l'intention et l'intention seule des parties que l'on devra consulter pour savoir quel sera l'acte qu'elles auront voulu faire et qu'elles auront fait. Reste maintenant à montrer que la transaction n'a pas non plus un caractère extinctif, abdicatif, comme on l'a cru, et par là nous arrivons à la seconde hypothèse prévue par nos contradicteurs. Ici, du reste, la réponse que nous aurons à leur faire n'exigera pas de nous beaucoup de peine ni de subtilité. Nous leur dirons d'abord que l'argument qu'ils tirent de l'art. 2048 n'a aucune valeur et aucune portée, par cette raison bien simple que la loi, ayant à parler dans cet article des effets de la transaction et voulant en régler l'étendue, a dû nécessairement qualifier d'une façon intelligible pour tout le monde l'acte accompli par les parties en cause, et elle n'a cru mieux faire, pour atteindre ce but, que d'employer les expressions vulgaires, les plus propres à rendre l'idée qu'elle voulait exprimer; mais jamais elle n'a eu l'intention de décider là, aussi incidemment surtout, la question que nous traitons en ce moment. Nous leur dirons enfin que si l'on pouvait constater une renonciation, une abdication quelconque, dans le fait de l'un des cocontractants, on devrait, par une conséquence absolument nécessaire et immédiate, retrouver une acceptation dans le fait de son adversaire. Comme nous l'avons établi plus haut, le dessaisissement de l'un suppose absolument la transmission de l'autre : une renonciation à un droit, qui n'a pas pour corrélatif une acceptation de ce même droit, n'est pas une renonciation, et, par suite, deux seuls systèmes sont possibles sur la nature de la transaction, et non pas trois. On peut

reconnaître à la transaction deux caractères différents et non pas trois; on peut décider qu'elle est
déclarative ou translative de propriété, mais on ne
peut pas dire qu'elle soit simplement extinctive, et
par là tombe complètement, on le voit, toute la
théorie de M. Mourlon.

Nous sommes donc bien fondés à conclure que
l'argument que nous avons tiré de l'art. 2052 du
Code Napoléon reste sauf et incontestable, sinon
incontesté, et c'est bien à tort, sinon « à plaisir que
l'on a embrouillé tout ce débat[1]. »

Mais nous avons hâte d'en finir avec une controverse qui nous occupe depuis si longtemps déjà.
Arrivons, sans plus tarder, à l'exposé de nos deux
derniers arguments.

2° La loi ne range pas parmi les causes de rescision de la transaction l'éviction, soufferte par l'une
des parties, de la chose qui faisait l'objet de leur
contestation. Ne peut-on pas induire de son silence
à cet égard qu'elle regarde la transaction comme
déclarative? Car, si elle lui avait reconnu un caractère translatif de propriété, n'aurait-elle pas dû,
par une conséquence toute logique des principes
qu'elle admet en matière de vente, déclarer qu'elle
serait considérée comme non avenue, comme nulle,
comme inexistante, au cas où l'un des cocontractants viendrait à être évincé du droit que lui aurait
cédé, que lui aurait transmis son adversaire, ou
tout au moins lui ouvrir un recours en garantie? Elle
ne l'a pas fait, elle a laissé subsister sur ce point le

[1] MOURLON, *Transcription*, p. 186.

droit romain et l'ancien droit[1] qui décidaient qu'il ne pourrait y avoir lieu à garantie que dans le cas où l'éviction porterait sur des objets non litigieux cédés par l'une des parties à l'autre, et non pas dans le cas où elle porterait sur les objets litigieux eux-mêmes. Comme le dit fort bien M. Troplong dans son commentaire du titre des transactions[2] : « Celui en faveur de qui la renonciation a eu lieu n'a pas le droit de dire qu'il tient la chose du renonçant; il a toujours soutenu ne la tenir que de lui-même... Le renonçant, d'ailleurs, ne lui a pas promis de l'en faire jouir paisiblement; il ne s'est engagé qu'à faire cesser ses propres prétentions. »

3° Nous arrivons enfin au troisième et dernier argument que nous avons à présenter à l'appui du système que nous défendons ; nous allons le tirer précisément des mêmes textes que la Cour de Cassation a cru pouvoir invoquer pour établir une distinction, à notre sens, complètement illogique, entre les parties contractantes et l'administration de l'Enregistrement. Voici, en effet, quels sont les termes dont elle s'est servie dans un des attendus de l'arrêt qu'elle a rendu, Chambres réunies, le 12 décembre 1865[3] :

« Attendu, a-t-elle dit, que si, aux termes de l'art. 2052, C. N., les transactions ont, entre les parties, l'autorité de la chose jugée en dernier ressort, et si, à ce titre, elles ont en général un

---

[1] L. 33, C. de *Transactionibus*; POTHIER, *de la Vente*, nᵒˢ 645 et 646.

[2] Nᵒ 12.

[3] D. P. I, 457.

caractère simplement déclaratif, il n'en est pas
nécessairement de même vis-à-vis de l'administration de l'Enregistrement; — que cela résulte des
termes mêmes de l'art. 68, § 1, n° 45 de la loi
du 22 frimaire an vii, qui n'accorde la faveur du
droit fixe qu'aux transactions ne contenant aucune
stipulation de sommes et valeurs, ni disposition
soumise à un plus fort droit d'enregistrement..... »
Or, nous prétendons établir que cette distinction
est purement arbitraire, qu'elle est en opposition
avec l'esprit de la loi, et tout à fait dénuée de
fondement.

Et, en effet, si la transaction, de l'aveu même de
la Cour suprême, est, en principe et en règle générale, purement *déclarative*, pourquoi, lorsqu'elle
est sincère, ne conserverait-elle pas ce caractère
en matière fiscale? Quel est donc cet acte à double
face, tour à tour déclaratif et translatif de propriété,
déclaratif à l'égard des simples particuliers et des
honnêtes gens qui l'accomplissent, translatif, au
contraire, à l'égard de l'administration seule de
l'Enregistrement? Ne semble-t-il pas qu'on regrette,
pour ainsi dire, que la nature d'un acte s'oppose à la
perception de droits considérables au profit de
l'Etat?

De prime abord, cette distinction paraît souverainement injuste, et l'on serait presque tenté de la
laisser de côté, sans même la discuter, comme en
contradiction formelle avec le simple bon sens et la
raison. Mais, puisque la Cour de Cassation l'a
adoptée, elle tire de cette adoption même une autorité respectable, et il semble fort difficile que les

arguments qui l'ont motivée ne soient pas empreints de ce sérieux et de ce haut esprit de justice et d'équité qui caractérisent ordinairement les décisions de cette auguste assemblée. C'est sur l'interprétation de la loi du 22 frimaire an VII sur l'Enregistrement, que repose toute cette discussion : consultons-la donc et citons les textes relatifs à notre question : voici venir d'abord l'art. 68, § 1, nᵒ 45, qui soumet à un simple droit fixe de un franc (porté ensuite à trois francs par la loi du 28 avril 1816, art. 44, nᵒ 8) « les trasactions en quelque matière que ce soit, qui ne contiennent aucune stipulation de sommes et valeurs, ni de disposition soumise par la loi à un plus fort droit d'enregistrement. » Or, si l'on remarque que l'esprit général de cette loi était de n'exempter du droit proportionnel que les actes qui ne contenaient ni libération, ni obligation, ni transmission (art. 3 et 4), on voit bien vite que l'application à la transaction d'un simple droit fixe révèle l'intention du législateur de ne la regarder simplement que comme déclarative de propriété. Mais vient ensuite l'art. 69, dont le § 3, nᵒ 3, soumet à un droit proportionnel de 1 p. % les transactions « qui contiendront obligation de sommes, sans libéralité et sans que l'obligation soit le prix d'une transmission de meubles ou d'immeubles, non enregistrée. » Evidemment, le cas n'est cité qu'à titre d'exemple, et tout autre droit proportionnel serait exigé si, au lieu d'une obligation de sommes, la transaction contenait une transmission de meubles ou d'immeubles, ce serait alors le droit des mutations mobilières ou immobilières à titre

onéreux. Les cas d'application de cette seconde
disposition sont très faciles à trouver si l'on se
rappelle tout ce que nous avons dit plus haut pour
fixer le domaine de notre question. Nous avons vu
que dans certains cas la transaction était nécessairement et incontestablement translative de propriété ; cela se présente toutes les fois qu'elle
contient des obligations, libérations ou transmis-
sions de choses non litigieuses. Alors, évidemment,
il y a transport de droit d'une personne à une autre,
et l'on comprend l'exigibilité « d'un droit plus fort
d'enregistrement », comme le dit l'art. 68. Mais,
toutes les fois que la transaction se renferme rigou-
reusement dans les termes du litige qu'elle éteint,
le simple droit fixe est exigé, et, nous le répétons,
c'est là une nouvelle preuve du caractère déclaratif
reconnu par la loi aux transactions. Avec des textes
aussi favorables à notre système, comment expliquer la décision de la Cour de Cassation ? Nous
avouons qu'elle nous a singulièrement surpris
dans le principe, mais nous croyons en avoir trouvé
la cause dans les prétentions que la régie émettait
dès 1827[1] dans ses instructions, lorsqu'elle déclarait « la transaction soumise au droit proportionnel,
dans tous les cas où la convention opérait quelque
changement dans l'état de la possession, dans les
droits apparents des parties. » Ainsi, c'est tout
simplement, à l'égard de l'administration de l'Enregistrement, la reproduction du second système
que nous avons eu à exposer, et qui regardait la

[1] Instruction générale du 15 décembre 1827 (No 1220).

transaction comme déclarative ou translative de
propriété, selon que la chose litigieuse restait en
la possession de celui qui la détenait, ou qu'elle
passait entre les mains de son adversaire. Nous
avons réfuté plus haut cette théorie; nous n'y
reviendrons donc pas : nous voulons seulement
montrer que, quoi qu'en aient dit les circulaires de
la Régie, et quoi qu'en ait décidé la Cour suprême,
la loi fiscale du 22 frimaire an vii, loin de l'avoir
consacrée, y répugne au contraire de la façon la
plus formelle. Et en effet, si l'on doit interpréter
l'art. 69 dans le sens qu'on a voulu lui donner, si
l'on doit dire que le droit proportionnel est exigé,
alors même que le changement de possession ne
porte que sur les objets litigieux, que devient
l'art. 68, quand appliquera-t-on le droit fixe, le
droit fixe seulement? Pour se trouver dans un cas
où l'on pourrait en voir l'exigibilité, il faut absolument supposer que Primus, par exemple, qui a
revendiqué contre Secundus un immeuble possédé
par celui-ci, abandonne son action sans rien recevoir en retour du sacrifice qu'il fait en laissant son
adversaire propriétaire incontesté; car s'il recevait
une somme d'argent, ou tel autre droit mobilier
ou immobilier, étranger au litige, ce serait le droit
proportionnel qui serait exigé, et non plus le droit
fixe, et s'il recevait une partie de l'immeuble
détenu par son adversaire, ce serait encore ce
même droit proportionnel, puisque dans les deux
cas il y aurait, selon les expressions de la Régie,
« changement dans l'état de la possession. » Or,
dans le cas même que nous supposons, dans le cas

seul où il semble que le droit fixe puisse être exigé, nous ne nous trouvons plus dans l'hypothèse d'une transaction, car nous ne voyons pas là cette réciprocité de sacrifices et de concessions, qui, on le sait, est de l'essence même de ce contrat; nous sommes purement et simplement en face d'un *désistement*, c'est-à-dire d'un acte soumis par la loi du 22 frimaire an VII, art. 68, § 1, n° 28, et la loi du 28 avril 1816, art. 43, n° 12, à un droit fixe de 2 francs, au lieu du droit fixe de 3 francs propre à la transaction.

On le voit donc, l'hypothèse de l'exigibilité du droit fixe prévue par l'art. 68 est absolument irréalisable, et nous sommes réduits à la dure nécessité de dire à la Cour de Cassation, avec tout le respect que nous devons aux décisions sorties de son enceinte, que la restriction qu'elle a consacrée dans son arrêt du 12 décembre 1865 est une inconséquence d'autant plus regrettable qu'elle est le fruit d'une double violation du Code civil et de la loi sur l'Enregistrement.

Pour résumer cette discussion, déjà trop longue, nous dirons que, de sa nature, la transaction est toujours et uniquement déclarative de propriété quant aux objets litigieux, et que par suite, quant à eux, elle ne peut ni servir de titre à la prescription, ni donner ouverture à un recours en garantie en cas d'éviction, et ne doit être soumise ni à la formalité de la transcription hypothécaire, ni à la perception du droit proportionnel exigé par l'art. 69 de la loi du 22 frimaire an VII; tout autre système, nous l'avons établi de la façon la plus

péremptoire, est en contradiction flagrante soit
avec l'ensemble de notre ancien droit, soit avec
l'esprit général et le texte de nos lois.

Maintenant que nous sommes parfaitement éclai-
rés sur le but de la transaction, ses caractères, ses
espèces et sa nature, voyons à quelles formes elle
est assujettie et comment se fait la preuve de ce
contrat. Par là nous achèverons l'explication de
l'art. 2044 du Code Napoléon, et nous terminerons
le premier chapitre de notre Thèse.

VI

Preuve de la Tra· saction ; sa forme.

Le second paragraphe de l'art. 2044 est ainsi
conçu :

« Ce contrat (la transaction) doit être rédigé par
écrit. »

A voir la rigueur des expressions que le législateur a employées ici, et cette sorte de comman-
dement qu'il édicte du ton le plus impérieux, et en
des termes aussi énergiques que concis, on croirait
de prime abord qu'il formule une condition nécessaire à l'existence même de la transaction. Mais,
si l'on réfléchit un instant au but de ce contrat et
à la fin que se proposaient les rédacteurs de cet
article, on comprend bien vite qu'il ne s'agit pas ici
de *solemnitate transactionis, sed tantum de proba-*
tione, que la nécessité d'un écrit est exigée non pas
comme une condition substantielle de la transaction, mais comme un moyen d'en prouver l'existence. Cela résulte clairement du discours prononcé

devant le Tribunat par le tribun Albisson, le 28 ventôse an XII [1] : « La seule condition que le projet
ajoute, disait-il, et qui devait l'être par rapport à
la nature particulière de la transaction, c'est qu'elle
soit rédigée par écrit, ce qui est infiniment sage ;
car, la transaction devant terminer un procès,
c'eût été risquer d'en faire naître un nouveau, que
d'en laisser dépendre l'effet de la solution d'un pro-
blème sur l'admissibilité ou les résultats d'une
preuve testimoniale. » Ainsi, l'intention du législateur n'est point douteuse, il a voulu que la transaction prévînt ou terminât les contestations, mais
il n'a point voulu qu'elle en pût susciter, et pour
atteindre ce but il n'a cru mieux faire que d'en
subordonner la preuve à la confection d'un écrit
ou à l'aveu des parties. Nous disons : ou *à l'aveu
des parties,* car alors, point de discorde entre elles,
point de procès, elles reconnaissent formellement
l'existence d'une transaction, *habemus confitentem
reum,* et la loi est satisfaite. Peu importe, du reste,
que cet aveu soit pleinement volontaire ou non de
la part de la partie qui le fait ; aussi croyons-nous
qu'on pourrait très bien établir la réalité d'une
transaction au moyen *du serment décisoire* et de l'in-
terrogatoire sur faits et articles. Telle est, d'ailleurs,
l'opinion à peu près généralement enseignée par la
doctrine [2] ; mais nous nous trouvons en désaccord
sur ce point avec M. Troplong [3] et la Cour de Cas-

[1] LOCRÉ, *Législation de la France,* tome XV, page 431.
[2] ZACHARIÆ annoté par MASSÉ et VERGÉ, BOILEUX, MERLIN,
DURANTON ; Nancy, 29 juillet 1837 ; Limoges, 6 février 1845 ;
Bruxelles, 1er décembre 1810.
[3] *Commentaire du Code civil,* transcriptions, n° 30.

sation (Ch. des req., 7 juillet 1820, rejet d'un arrêt de la Cour de Montpellier du 3 décembre 1825), qui n'admettent d'autre preuve que l'*écriture* et déclarent le *serment décisoire* et l'*interrogatoire sur faits et articles*, inutiles et frustratoires, sous prétexte « qu'ils supposent un procès sur la preuve et que la loi ne veut pas qu'il puisse y en avoir. » Mais, évidemment, cette doctrine est inadmissible; nous l'avons dit, le paragraphe 2 de l'art. 2044 n'a eu d'autre but que celui de proscrire la preuve testimoniale, et ce n'est pas faire un procès que de demander à quelqu'un une réponse par oui et par non.

La *preuve testimoniale* étant déclarée inadmissible, les *présomptions* de l'homme ne pourront pas servir à établir l'existence de la transaction, car, on le sait, ce genre de preuve n'est admis que dans les cas où la loi admet la preuve testimoniale (art. 1353).

Mais quelle est, au juste, la portée de la prohibition de la preuve testimoniale en matière de transaction ? Est-ce le droit commun que l'on doit appliquer dans toutes les hypothèses que notre article n'a pas expressément prévues ? Est-ce, au contraire et toujours, notre disposition avec toute sa rigueur exceptionnelle ? Nous croyons d'abord que l'art. 2044 est applicable même au cas où l'objet de la transaction est inférieur à 150 francs, car, s'il est vrai qu'une loi spéciale soit *strictissimæ interpretationis quatenus legi generali derogat*, cet article est trop formel, ses expressions trop précises et trop rigoureuses, pour qu'on puisse vouloir en limiter la portée par application de cette règle. Du reste, qu'on voie les art. 1834 et 1923 qui appliquent le droit commun de l'art. 1341 à la *société* et au *dépôt volontaire;* ils distinguer expressément entre le cas où l'objet du contrat excède 150 francs et le cas où il est inférieur à cette somme. Or, c'est là une distinction que ne fait point l'art. 2044, et le silence du législateur à cet endroit ne doit pas être d'un faible poids pour motiver notre décision. Nous ne croyons pas non plus qu'on puisse appliquer ici l'art. 1347 et décider que la preuve testimoniale est admissible, lorsqu'il existe un commencement de preuve par écrit; car c'est là une exception faite exclusivement pour le droit commun, et vouloir l'étendre à notre hypothèse serait assurément vouloir aller droit contre l'intention du législateur et donner ouverture à ces procès et à ces contestations qu'avant tout il a voulu terminer et prévenir. Mais, par exception, la preuve testimoniale, même sans commencement de preuve par écrit, devrait être admise dans les cas déterminés par l'art 1348, c'est-à-dire lorsque les parties auraient été dans l'impossibilité de dresser un écrit, ou lorsque l'écrit dressé aurait été perdu par cas fortuit. Cette décision est d'une nécessité et d'une équité manifestes.

Enfin, si la transaction avait pour objet de prévenir ou de terminer une contestation commerciale, que devrait-on décider? Appliquerait-on les règles prohibitives de notre titre, ou bien, au contraire, les règles éminemment libérales et larges du droit commercial? MM. Massé et Vergé, dans leurs anno-

tations du droit civil français de Zachariæ [1], pensent
que ce contrat, constituant alors un acte essentiellement commercial, puisqu'il a pour but de régler
des intérêts commerciaux, en modifiant des obligations commerciales, on doit lui appliquer, en
ce qui concerne la preuve, les règles du droit
commercial et non celles du droit civil, et que,
par conséquent, il peut être prouvé par témoins.
Nous croyons, au contraire, avec un arrêt de la
Cour de Bordeaux du 5 février 1857 [2], que ce sont
les règles du droit civil et elles seules que l'on doit
appliquer ici. Qu'il nous suffise, pour l'établir, de
citer quelques motifs de cet arrêt, car ils résument
de la manière la plus claire et la plus satisfaisante
toute la théorie de la loi à ce sujet : « Attendu,
dit-il, que l'art. 2044 du Code Napoléon exige que
ce contrat soit passé par écrit; que le but des
transactions est d'éteindre les contestations entre
les parties ou de prévenir les contestations à naitre ;
qu'il répugne à la nature d'un tel contrat d'en livrer
la preuve aux chances toujours incertaines des
enquêtes, laissant ainsi les voies ouvertes aux
procès, en substituant le litige sur l'existence de
la transaction au litige sur le fond du procès; que
le danger est plus grave encore, lorsque l'on considère ce qu'il peut y avoir de compliqué dans les
stipulations principales et accessoires d'une transaction, stipulations dont la condition la moins
importante en apparence peut avoir déterminé la

[1] Page 86, tome V.
[2] SIREY, 1857, 2, 575.

volonté des parties; attendu que c'est dans ce sens que l'art. 2044 a été expliqué dans le rapport fait au Tribunat; attendu qu'il n'y a pas lieu de distinguer entre les matières civiles et les matières commerciales, les inconvénients et les dangers étant d'ailleurs les mêmes; attendu donc que c'est à tort que le jugement attaqué a autorisé la preuve par témoins d'une prétendue transaction, etc... »

Un écrit est donc nécessaire pour la preuve de la transaction, mais c'est la seule formalité extérieure à laquelle ce contrat soit assujéti. Comme nous avons déjà eu occasion de le dire, cet écrit peut être dressé indifféremment, soit en forme authentique, soit sous seing privé. Mais remarquons que, si les parties adoptent ce dernier mode pour constater le contrat intervenu entre elles, elles devront remplir toutes les formalités exigées par l'art. 1325 pour les actes sous seing privé qui contiennent des conventions synallagmatiques; aussi devront-elles rédiger autant d'originaux qu'il y aura d'intérêts distincts représentés à la transaction. Toutefois, si la transaction, après s'être faite verbalement, venait à se traduire par un acte unilatéral, par exemple, par un reçu ou par un billet, ce reçu ou ce billet serait valable, quand bien même il ne serait pas en double original, car il ne constaterait qu'un acte unilatéral; mais il prouverait assez l'accord des parties, car lui devant l'existence, il devrait nécessairement le rappeler comme sa cause[1].

[1] TROPLONG, *Transactions*, nos 34 et 35, et BOILEUX, *Commentaire sur le Code Napoléon*, t. VII, p. 8.

Le premier chapitre de notre thèse est achevé ;
nous arrivons maintenant au deuxième, et nous
allons nous demander successivement et en trois
sections différentes : *d'abord*, sur quoi l'on peut
transiger, *ensuite*, qui peut transiger, et *enfin*, quels
sont les effets propres de la transaction.

CHAPITRE II

OBJET DES TRANSACTIONS — CAPACITÉ POUR TRANSIGER — EFFETS DES TRANSACTIONS

SECTION Ire

OBJET DES TRANSACTIONS

L'objet d'une transaction doit satisfaire à deux
conditions distinctes : il doit d'abord consister en
un droit douteux et réellement incertain, et ensuite
en un droit susceptible d'être aliéné et qui soit dans
le commerce; mais, ces deux conditions remplies,
la loi se déclare satisfaite et la transaction est
valable.

Nous disons d'abord que le droit des parties doit
être douteux; c'est là une condition qui est de l'essence même de la transaction et qui résulte nettement de la définition que nous avons donnée plus
haut de ce contrat, comme le disait Domat[1] : « La

[1] *Les lois civiles dans leur ordre naturel*, édition Carré,
tome III, page 2.

transaction est une convention entre deux ou
plusieurs personnes, qui, pour prévenir ou terminer
un procès, règlent leur différend de gré à gré, de la
manière dont elles conviennent, et que chacune
d'elles préfère à l'espérance de gagner, jointe au
péril de perdre. » Cette alliance entre cette espérance et cette crainte ne constitue pas autre chose
que le doute dont nous parlons, ce doute qui, si
je puis m'exprimer ainsi, est comme le corps de la
transaction. Et, en effet, sans cette incertitude,
sans cette *res dubia*, cette *lis incerta* du droit
romain, nous aurons peut-être un désistement,
peut-être un acquiescement, une donation, je ne
sais quel autre acte encore, mais jamais nous n'aurons une transaction, une transaction véritable,
dans le sens légal de ce mot. Du reste, il suffit que
le doute ait existé dans l'esprit des parties ou de
l'une d'elles, peu importe qu'il n'ait jamais existé ou
qu'il n'ait jamais pu même exister dans l'opinion de
toutes autres personnes. Hâtons-nous de dire d'ailleurs que la loi n'a pas pu tracer ici des règles précises pour déterminer d'une façon nette le degré
nécessaire et suffisant que l'incertitude doit atteindre; elle s'en est rapportée sur ce point à la sagesse
des tribunaux, qui auront toujours le pouvoir de
décider en fait si, dans tel ou tel cas, il y avait
réellement matière à contestation, objet à procès,
et en cela il pourra arriver que leur jugement
constitue un mal jugé et, comme tel, soit réformé
en appel; mais, en général, il sera à l'abri de la
censure de la Cour de cassation.

Plusieurs fois la pratique a vu dissimuler, sous la

forme de transactions, des conventions qui n'étaient autres que des cessions, des ventes, des donations véritables, et on a eu, par conséquent, à se demander si de tels actes étaient valables, si la loi pouvait couvrir de sa protection des actes faits en fraude de ses prescriptions et destinés en général à enlever au trésor la perception de droits plus considérables. En tant que transactions, ces actes déguisés sont nuls, absolument nuls, mais ils produisent chacun les effets qui lui sont propres, c'est-à-dire ceux mêmes que les parties ont voulu en définitive leur faire produire, et ils sont soumis à toutes les règles auxquelles la loi les a assujétis. Ainsi, par exemple, si on a dissimulé une vente ou un partage sous la forme d'une transaction, la partie qui se prétendrait lésée pourrait, en invoquant les art. 1674 et 887, obtenir la rescision de l'acte, malgré les art. 888 et 2052, qui déclarent la transaction non sujette à rescision pour cause de lésion. Ainsi encore, si c'est une donation qu'on a voulu dissimuler, l'acte, de l'avis du moins de ceux qui admettent la validité des donations déguisées ou par personnes interposées, ne sera pas nul pour inexécution des formalités exigées pour les actes portant donation, pourvu que celui qui aura été gratifié ne soit pas incapable de recevoir du donateur; mais, s'il y avait excès du disponible, il y aurait matière à une action en réduction, et, si la partie avantagée devenait héritière, même bénéficiaire, de celui qui aurait procuré l'avantage, il y aurait lieu au rapport à succession conformément à l'art. 843.

Voilà pour la première condition exigée par la loi

pour les objets des transactions. Nous avons dit,
en second lieu, que ces objets devaient être dans
le commerce; c'est là une conséquence directe et
nécessaire du § 1 de l'art. 2045 qui déclare que
« pour transiger il faut avoir la capacité de disposer
des objets compris dans la transaction. » Ainsi
seraient nulles toutes transactions intervenues sur
des choses impossibles ou contraires à l'ordre
public et aux bonnes mœurs, et de même aussi
seraient nulles toutes transactions intervenues sur
des droits qui ne peuvent jamais faire l'objet d'un
contrat, comme, par exemple, sur la succession
d'une personne vivante, même avec le consentement de cette personne (art. 1130), sur les conventions matrimoniales pendant la durée du mariage
(art. 1395), sur la dissolution de la communauté
de biens entre époux (art. 1443), et sur la restitu-
tion de la dot, lorsqu'elle est mise en péril (1563).

On s'était demandé autrefois si l'on pouvait transiger sur un *délit*. Nous avons vu dans la première
partie de cette étude que les lois romaines faisaient
une distinction, à ce sujet, entre les délits privés
et les délits publics; elles regardaient comme
valables les transactions intervenues sur les délits
de la première classe, c'est-à-dire ceux qui, tels
que le vol ou l'injure, *nec ad publicam læsionem,
sed ad rem familiarem respiciunt;* quant à celles qui
intervenaient sur les délits publics, on faisait une
sous-distinction : on admettait la validité de la
transaction sur les crimes qui entraînaient la peine
de mort, l'adultère excepté, et on déclarait nulles,
au contraire, toutes conventions sur d'autres cri-

mes, sauf sur le faux; la raison en était, disait-on,
que chacun devait pouvoir sauver sa vie par tous les
moyens possibles. En France, on a toujours dis-
tingué dans un crime ou dans un délit deux choses
profondément différentes : le crime ou le délit lui-
même, dont la poursuite est confiée à des officiers
publics, et les dommages et intérêts qui peuvent
en résulter et qui ne peuvent être attribués que sur
la demande de la partie lésée. Cela posé, il est
bien clair qu'une transaction sur un crime ou sur
un délit ne pourra jamais porter sur la poursuite
des officiers ministériels, l'ordre public s'y opposerait de la façon la plus formelle; elle ne pourra
jamais porter que sur les dommages et intérêts qui
en proviendront et qui, constituant à eux seuls un
intérêt purement privé, pourront toujours être
l'objet d'une convention valable entre le prévenu et
la partie civile.

La seule difficulté qui puisse se présenter, c'est
celle de savoir si cette transaction pourra être invoquée comme un aveu à la charge du prétendu cou-
pable, et si elle pourra servir entre les mains du
ministère public, comme d'une arme à l'aide de
laquelle il demandera l'application de cette règle du
droit romain *Confessus pro judicato est qui quodammodo sua sententia damnatur*[1]. Nous ne le pensons
pas; M. Bigot de Préameneu, dans son exposé
des motifs de la loi sur les transactions, nous
apprend qu'on avait mis dans le projet de l'ordonnance de 1670 un article qui défendait de transiger

[1] T. 2, D., lib. XLII, titre II, *De Confessis*.

sur les crimes de nature à provoquer une peine
afflictive ou infamante, et, en cas de contravention, prononçait une amende de 500 livres tant
contre la partie civile que contre l'accusé qui
aurait été tenu pour *convaincu*. Or, cet article fut
retranché comme trop rigoureux, et comme n'étant
pas nécessaire dans nos mœurs, où l'intérêt social,
qui exige la punition des crimes, est indépendant
de toutes conventions particulières; et le code,
loin de le reproduire, est resté complètement
muet sur cette question, l'art. 2046 est, en effet,
ainsi conçu : « On peut transiger sur l'intérêt civil
qui résulte d'un délit. La transaction n'empêche
pas la poursuite du ministère public. »

Que conclure de ce silence, sinon que les rédacteurs du Code Napoléon ont voulu reproduire ici
la doctrine anciennement admise? C'est avec
beaucoup de raison, du reste, à notre avis : car
celui là même qui est convaincu de son innocence
peut ne pas hésiter à faire le sacrifice de quelques
écus pour éviter une dénonciation calomnieuse au
fond, mais de bonne foi peut-être, qui l'entraînerait dans une procédure humiliante, et dont il
aurait à supporter tout à la fois les lenteurs et les
anxiétés. Mais, si après avoir transigé, le prévenu
est acquitté par les tribunaux, que décider sur la
validité de la transaction? Devra-t-elle encore
produire tous ses effets? La Cour de Cassation,
saisie de cette question le 17 mars 1813 [1], rendit
un arrêt par lequel elle se prononça pour la néga-

[1] Sirey, 13, 1, 269.

tive. Cette opinion nous semble mauvaise, et si
l'on consulte les *attendus* qui la motivent, on
s'aperçoit bientôt que des éléments étrangers au
domaine propre de cette question l'ont déter-
minée : et, en effet, la Cour suprême s'est basée
sur cette triple considération : 1° Qu'il n'existait pas de *corps* de délit ; 2° que l'aveu du fait
incriminé avait été surpris par de *mauvaises voies ;*
3° que l'écrit qui le relatait n'avait pas été signé
avec *une pleine et entière liberté d'esprit.*

Assurément, si la transaction avait une cause
sérieuse, la déclaration de non culpabilité ne pourrait pas emporter nullité de cette convention ; car,
dès qu'il y a un doute sérieux entre les parties sur
leurs droits respectifs, une contestation véritable
entre elles, la loi déclare valable la transaction
qu'elles rédigent, et ne sait-on pas d'ailleurs qu'en
matière criminelle le prévenu même acquitté
reste soumis à l'action en dommages-intérêts ?
Enfin, si la reconnaissance par les *parties privées*
qu'il n'y a pas eu délit, ou que ce délit a été
réparé, n'empêche pas la *partie publique* de se
pourvoir et de le faire punir, pourquoi la circon-
stance que le *ministère public* a échoué dans sa
poursuite *faute de pièces suffisantes* ou autrement,
pourrait-elle anéantir les transactions que les
parties ont faites relativement au délit avoué et
prouvé entre elles ? La distinction que nous venons
de voir appliquée par le code entre le délit et
l'intérêt civil résultant de ce délit, on doit l'étendre aux questions d'Etat, et il faut décider que
toute transaction sur elles est nulle, à moins qu'elle

ne soit intervenue que sur l'intérêt pécuniaire
qui en résulte. Et, en effet, l'état d'une personne
comprend sa nationalité et sa filiation ; or, l'une
et l'autre se déterminent par le hasard de la nais-
sance ; pour la filiation, cette détermination est
irrévocable, et, quant à la nationalité, un simple
acte de volonté ne suffit pas pour la changer.

Si la transaction était intervenue à la fois sur la
question d'état et sur l'intérêt pécuniaire qui s'y
rattache, et qu'une seule indemnité eût été fixée
pour la renonciation à l'état et pour la renonciation aux intérêts pécuniaires qui en sont la conséquence, elle serait nulle encore, nulle pour le
tout ; on ne pourrait pas la scinder, de façon
qu'elle produisit effet pour une partie, et qu'elle
fût lettre-morte pour l'autre ; car la concession
que fait l'un des contractants sur un point est censée motivée par celle qu'il obtient sur l'autre, et
partant, si l'on supprime l'une des clauses du
contrat, l'autre doit tomber aussi, faute de cause.

Nous n'admettons pas ici le tempérament que
M. Troplong [1] propose, lorsqu'il regarde comme
valable la transaction sur l'état civil d'une personne pour u qu'elle soit favorable à cet état ;
assurément il confond là deux choses bien distinctes, l'état civil et l'intérêt pécuniaire ; l'état
civil, qui ne peut jamais donner prise à une transaction, quelle qu'elle soit, parce qu'il se rattache
à l'ordre public, et que tout ce qui est d'ordre
public, on le sait, est en dehors du domaine des

[1] *Transactions,* n⁰ 65.

conventions privées, et l'intérêt pécuniaire, sur
lequel on peut et on peut toujours transiger,
parce que, quelle que soit la cause à laquelle il
doit son origine, il est de son essence même
qu'il puisse former l'objet de tous les contrats.

Si, aux termes de l'art. 1004 du Code de procédure
civile, on ne peut *compromettre* sur les dons et legs
d'aliments, logement et vêtements, et si d'après
l'art. 581 du même Code, ces mêmes objets sont
insaisissables, c'est assurément parce qu'aux yeux
de la loi ils sont inaliénables ; or, le principe qui
les a fait considérer comme tels, veut évidemment
que le créancier ne puisse pas en faire l'objet d'une
transaction. Des auteurs ont soutenu ce système
dans tou a rigueur, n'admettant la validité d'une
transaction *de alimentis* que dans le cas seulement
où elle ne concerne que la manière dont l'obligation de les fournir doit être accomplie par celui à
qui elle est imposée. M. Duranton [1], s'appuyant sur
un rescrit de Marc-Aurèle, pense qu'on pourrait
transiger avec l'homologation du Tribunal après les
conclusions du ministère public ; nous n'adopte-
rons pas cette opinion, parce que, si il est vrai que
la loi déclare nulle et inexistante toute transaction
sur des aliments, on ne comprendrait pas, sans
une disposition formelle de sa part sur ce point,
qu'une pareille formalité puisse lui donner la vie ;
car les juges ont pour mission de constater des
droits, d'apposer sur des actes le sceau de leur
contrôle, mais ils n'ont pas le pouvoir de donner à

[1] *Transactions*, n° 403.

des parties une capacité que le législateur ne leur
a pas donnée, et ce serait se jeter dans l'arbitraire
le plus absolu que de transporter dans notre droit,
par simple argument d'analogie, les vieilles garanties du droit romain.

Quant à nous, nous adhérons complètement au
système que M. Boileux enseigne dans son excel-
lent *Commentaire du Code Napoléon* [1], qui, disons-
le en passant, a élevé son auteur du rang des
simples répétiteurs de droit, au rang des juristes-
consultes les plus éminents et les plus justement
applaudis. Nous distinguerons d'abord avec lui les
aliments *échus* et les aliments à *échoir*, et nous
déclarons pleinement valables toutes les transactions conclues sur les premiers ; car le créancier a
vécu sans eux, et les motifs de prohibition n'existent plus alors. — Si, au contraire, il s'agit d'aliments à *échoir*, nous ferons une sous-distinction
entre ceux qui sont dus en vertu d'un contrat
ordinaire, ceux qui sont dus en vertu d'une disposition à titre gratuit, et enfin ceux qui sont dus *jure
sanguinis et natura*.

Au premier cas, c'est-à-dire lorsque le titre
constitutif de la dette d'aliments est un contrat
ordinaire, le créancier peut sans doute disposer en
toute liberté de son droit, comme il disposerait de
toutes les créances qui composent son patrimoine,
et par conséquent la transaction qu'il ferait à leur
sujet serait pleinement valable.

Au deuxième cas, c'est-à-dire lorsque les ali-

[1] Tome VII, p. 11 et suiv.

ments sont dus par donation ou testament, la transaction est encore valable, car les aliments de cette sorte, comme l'a fort bien décidé la Cour de Cassation, dans son arrêt du 31 mai 1826 [1], sont cessibles; et, en effet, si l'art. 581 porte qu'ils sont insaisissables, et si l'art. 1004 défend de compromettre sur eux, il n'en résulte pas qu'on ne puisse ni les céder ni les transmettre par une convention volontairement souscrite; de la prohibition de compromettre on ne peut pas nécessairement conclure à la prohibition de céder ou de transiger, une disposition prohibitive ne pouvant jamais être établie par induction ni par raisonnement [2]; et, d'ailleurs, s'il existe des lois qui déclarent incessibles les pensions accordées par le Gouvernement, il n'en est pas de même à l'égard de celles qui sont données ou léguées entre particuliers, même à titre d'aliments.

Enfin, si les aliments sont dus *jure sanguinis et natura,* toute transaction sur le fond du droit est nulle, on ne pourrait valablement transiger que sur le mode de prestation; et, en effet, les aliments sont alors liés au titre, c'est-à-dire à une qualité indestructible, et il serait contraire à l'ordre public et aux bonnes mœurs de s'interdire la faculté

[1] D. P. 1826, I, 292.

[2] La prohibition de compromettre n'entraine pas nécessairement la prohibition de céder ou transiger, car un tuteur ne peut compromettre, et cependant il peut vendre; — l'insaisissabilité n'entraine pas nécessairement l'incessibilité, car l'aliénation directe est moins à craindre que l'aliénation indirecte par obligation.

d'exiger le paiement des termes à échoir, car on ne peut pas s'interdire le moyen d'exister.

« Si, après la transaction, le créancier venait à retomber dans la misère, si le besoin des aliments se faisait impérieusement sentir, la voix de la nature, plus forte que la voix de la convention, obligerait le débiteur à venir à son secours [1]. » Aussi, les pensions alimentaires de cette classe peuvent être cessibles quant à l'émolument, mais elles ne le seraient jamais quant au titre, et, sous ce dernier rapport, elles ne pourront former, en aucun cas, l'objet d'une transaction.

Disons enfin, pour terminer tout ce que nous avons à dire sur l'objet des transactions, qu'on ne peut pas par la voie des transactions déroger à l'ordre des juridictions, quand il s'agit d'incompétence à raison de la matière, — que notre droit n'a point reproduit la défense faite par le droit romain de transiger sur les legs *nondum inspectis tabulis* [2], et que, par conséquent, toute convention des parties faite de cette manière est valable, — et, enfin, qu'une transaction intervenue sur un contrat entaché d'usure n'est point nulle, pourvu qu'elle ne soit pas elle-même entachée du même vice [3]. C'est là encore l'application pure et simple des principes que nous avons vu guider le législateur dans la solution des questions que nous avons eues à étudier précédemment.

[1] TROPLONG, *Transcriptions*, n° 95.
[2] L. 6, D. de *Transact.*, lib. II, tit. XV.
[3] Cass., 29 mai 1828; Bordeaux, 17 décembre 1827, et cass., 23 juin 1830.

SECTION II

QUI PEUT TRANSIGER ?

Quelles sont les personnes qui ont le pouvoir de
transiger ? L'art. 2045 du Code Napoléon nous
fournit la réponse à cette question dans son paragraphe premier qui est ainsi conçu : « Pour transiger, il faut avoir la capacité de disposer des objets
compris dans la transaction. » C'est la reproduction
la plus exacte du vieil adage romain : *Qui transigit
alienat.* Si, au fond, la transaction n'opère pas un
transport véritable, une cession réelle et véritable
de propriété, elle a au moins toutes les apparences
d'un acte analogue à une vente, et, dans tous les
cas, elle a toute la gravité, toute l'importance d'une
aliénation, et elle comporte toujours l'abandon d'une
prétention ou d'un droit que l'on croyait avoir ; on
le sait, d'ailleurs, et nous l'avons montré assez
longuement, la transaction par elle-même déclarative, et déclarative seulement de propriété, peut
être accessoirement translative, et l'on ne doit pas
s'étonner, pour tant de bonnes raisons, que le
législateur ait pris soin d'exiger pour transiger la
capacité même de disposer des objets compris
dans la transaction [1].

---

[1] M. Mourlon (*Répétitions écrites*, tome III, p. 472) pense que
c'est la *libre disposition* du droit sur lequel on transige que la
loi demande, c'est-à-dire la capacité de l'aliéner tant à *titre gratuit* qu'à *titre onéreux*; d'après lui, l'esprit du Code le prouve de
la façon la plus péremptoire · car enfin, dit-il, un tuteur peut
disposer des droits mobiliers de son mineur, les aliéner à titre

Par application de la règle de l'art. 2045, on doit décider que le mineur ne peut pas faire une transaction valable ; bien plus, la loi entoure de formalités nombreuses toute transaction sur ses intérêts ; ainsi, elle veut que le tuteur ne puisse transiger pour son pupille (et l'interdit lui est complètement assimilé sur ce point), que, conformément à l'art. 467, c'est-à-dire seulement avec l'autorisation du conseil de famille, l'avis de trois jurisconsultes désignés par le Procureur impérial, et l'homologation du Tribunal civil de première instance, après les conclusions du ministère public. — Pareillement, elle lui défend de tran-

onéreux sans aucune autorisation (art. 457), et cependant il ne peut transiger sur ces mêmes droits qu'en se conformant aux prescriptions de l'art. 467. — La réponse est facile : Si le système de M. Mourlon était fondé, le tuteur qui peut transiger, avec certaines formalités, il est vrai, mais qui en définitive a de par la loi la faculté de transiger, devrait aussi pouvoir aliéner à titre gratuit, au moins en remplissant les mêmes formalités ; or, il n'en est rien et jamais personne ne l'a soutenu. Du reste, lorsque le législateur exige pour un contrat onéreux la capacité de disposer gratuitement, il le déclare en termes aussi clairs que possible, il se sert d'expressions sur le sens desquelles l'on ne peut se tromper : il veut que les parties aient la *libre disposition* du droit, témoin l'art. 1003 du Code de procédure civile.

L'intérêt de cette distinction se présente au point de vue de la solution de deux questions :

1° Le mineur émancipé peut-il transiger librement sur ses revenus ?

2° La femme séparée de biens peut-elle transiger sur son mobilier ?

M. Mourlon, partant de ce principe, que, pour transiger sur un droit, il faut pouvoir aliéner ce même droit à titre gratuit, les tranche négativement ; nous, au contraire, comme nous aurons l'occasion de le montrer plus bas, nous admettrons l'affirmative.

siger avec le mineur devenu majeur sur le compte
de tutelle, autrement qu'en conformité des dispositions de l'art. 472 du Code Napoléon : elle a craint
avec raison que ce jeune homme , désireux avant
tout d'entrer en possession de sa fortune, ne vînt,
dans le but d'en jouir plus tôt, à fermer les yeux sur
des négligences punissables, et à ratifier, même par
des sacrifices onéreux , une gestion mauvaise.

Quant au mineur émancipé, il faut user de distinctions : s'agit-il de fruits et de revenus, comme
il peut disposer des biens de cette sorte , il a par là
même le pouvoir de transiger sur eux; mais nous
croyons que, par application de l'art. 481 du C. N.,
la transaction ne serait pas valable , si elle portait
sur des fruits et revenus au-delà de neuf ans. —
S'agit-il d'actes de pure administration, là encore il
a plein pouvoir, car l'administration de ses biens-
meubles et immeubles lui appartient. — S'agit-il ,
au contraire, d'un capital mobilier, nous pensons,
avec MM. Duranton et Zachariæ, qu'il ne peut transiger qu'en remplissant les formalités prescrites
pour les mineurs en tutelle , et cela pour trois
raisons : *d'abord*, parce qu'il n'en a pas la libre
disposition; car, aux termes de l'art. 482, le curateur
doit en surveiller l'emploi; *ensuite,* parce qu'il s'agit
ici d'un acte qui n'est plus du domaine de la pure
administration, et que l'art. 484 veut que tout ce
qui excède les bornes de l'administration reste
soumis à l'observation des formes prescrites au
mineur non émancipé; *enfin ,* parce que la loi du
24 mars 1806 exige l'avis du conseil de famille pour
transférer une inscription de rente sur l'Etat excé-

dant 50 francs, soit que le mineur créancier soit
émancipé ou non. — S'agit-il de tous autres actes,
enfin, les formalités de l'art. 467 sont exigées, et, en
leur absence, la transaction est frappée de nullité ;
inutile de dire, du reste, que cette nullité est tout
à fait relative, et que l'incapable seul peut l'invoquer (art. 1125, C. N.).

Quant à l'émancipé commerçant, il a capacité
entière pour les faits relatifs à son négoce ; il est
réputé majeur quant à lui, par conséquent il peut
transiger sur tout ce qui le concerne, à moins toutefois que la transaction ne tende à le dépouiller
d'un immeuble, car alors l'art. 6, § 2 du Code de
Commerce apparait, et la déclare nulle si l'on ne
s'est pas conformé aux prescriptions de l'art. 467 ;
le mineur, marchand autorisé, ne peut pas, en
effet, aliéner seul ses immeubles, il ne peut que les
engager ou les hypothéquer.

Les personnes placées sous la surveillance d'un
conseil judiciaire, aux termes des art. 499 et 513
du C. N., pour cause de prodigalité ou de faiblesse
d'esprit, ne peuvent pas transiger sans l'assistance
de ce conseil, sauf pour les objets dont elles pourraient disposer librement comme le mineur émancipé.

Quant à la femme mariée, il faut, pour apprécier
son degré de capacité, distinguer si elle vit sous le
régime de la communauté ou sous le régime dotal :
si elle est *commune,* elle ne peut transiger sans
l'autorisation de son mari ou de la justice ; — si elle
est *séparée de biens,* elle peut transiger valablement
sur son mobilier, car elle a le droit de l'aliéner

sans autorisation (1449); — si elle est *dotale*, elle
jouit, à l'égard de ses paraphernaux, des mêmes
droits que la femme séparée à l'égard de son mobilier, et de plus, nous pensons que si elle était
autorisée, elle pourrait valablement faire une transaction par laquelle elle s'engagerait à payer une
somme d'argent pour conserver son bien dotal.
Enfin, l'article 1595 du Code civil prohibant les
ventes entre époux, il faut décider que les transactions, intervenues entre eux, sont nulles aussi, et
qu'elles ne peuvent valoir que dans l'un des trois
cas exceptionnels, limitativement énumérés par cet
article, où la vente entre époux est tolérée.

Le failli n'a, par lui-même, aucun pouvoir de
disposition, par conséquent il n'a pas le droit de
transiger; mais la loi a compris que souvent dans
une faillite une transaction serait avantageuse, et,
pour la permettre, elle a organisé le droit des
syndics, dans les art. 487 et 535 du nouveau titre
des faillites, qui présente, par les précautions
dont il est entouré, les meilleures garanties et
pour les créanciers et pour le failli lui-même.

Aux termes du paragraphe 3 de l'art. 2045 du
C. N. : « Les communes et établissements publics
ne peuvent transiger qu'avec l'autorisation
expresse de l'Empereur. » Les formalités à observer pour l'obtention de cette autorisation ne sont
pas les mêmes pour les communes et pour les
établissements publics. Le droit des communes, en
effet, est régi par un arrêté du 21 frimaire an XII,
dont les art. 1 et 2 sont ainsi conçus :

« Art. 1er.— Dans tous les procès nés ou à naître,

qui auraient lieu entre des communes et des particuliers sur des droits de propriété, les communes ne pourront transiger qu'après une délibération du conseil municipal, prise sur la consultation de trois jurisconsultes désignés par le préfet du département, et sur l'autorisation de ce même préfet, donnée d'après l'avis du conseil de préfecture.

« Art. 2. — Cette transaction, pour être définitivement valable, devra être homologuée par un arrêté du gouvernement, rendu dans la forme prescrite par les règlements d'administration publique. »

Mais, aux termes de l'art. 59 de la loi municipale du 18 juillet 1837, il suffit d'un arrêté du préfet en conseil de préfecture, pour l'homologation des transactions intéressant les communes, quand il s'agit d'objets mobiliers de 3,000 francs et au-dessous.

La capacité des établissements publics au contraire, est réglée par un arrêté du 7 messidor an IX (26 juin 1801) dont l'art. 15 est rédigé en ces termes : « Pourra le comité consultatif, pour les cas qui le permettront, transiger sur tous les droits litigieux. Les transactions recevront leur exécution provisoire ; mais elles ne seront définitives et irrévocables, qu'après avoir été approuvées par le gouvernement, à l'effet de quoi elles seront transmises au ministre de l'intérieur, revêtues de l'avis des préfets et sous-préfets [1]. »

---

[1] Notons ici que la même faculté de transiger a été accordée à l'administration des postes pour toutes les affaires con-

Remarquons d'ailleurs que dans ces deux cas l'administration n'intervient pas comme *autorité administrative*, mais comme *tutrice*, et que par suite les contestations relatives à l'exécution des transactions ne sont pas du ressort des tribunaux administratifs, mais de la compétence judiciaire [1].

Le grevé de substitution peut-il transiger valablement sur la propriété des biens compris dans le fidéicommis ? La transaction faite par lui est-elle opposable au substitué ? C'est là une question qui a longtemps préoccupé les auteurs. Les partisans de l'affirmative se basent sur ce que le grevé est propriétaire; et que ce qui est jugé pour ou contre lui est jugé aussi pour ou contre le substitué; or, disent-ils, s'il peut valablement soutenir un procès dont l'issue sera, dans tous les cas, opposable au substitué *à fortiori*, pourra-t-il le prévenir ou le terminer par une transaction, car la transaction est un parti éminemment sage et que la loi comble de faveurs. L'ordonnance de 1747 [2] consacra cette opinion, en ajoutant toutefois que

tentieuses concernant son service. (Ord. Roy. du 10 février 1843); — à l'administration des douanes (arr. du 14 fructidor an x); — et à l'administration des contributions indirectes (arr. du 5 germinal an xii, art. 23); et ces transactions ont cela de remarquable qu'elles font cesser l'effet des condamnations *pénales corporelles*, aussi bien que des condamnations *pécuniaires* (30 juin 1820, rej. — id. 26 mars 1830, cass. — id. 9 déc. 1833, Pau).

[1] Décret du 2 janvier 1812, annulant un conflit élevé par l'administration sur une affaire pendante à la cour impériale de Turin entre la commission des hospices de cette ville et des particuliers.

[2] Tit. ii, art. 53.

la transaction serait nulle si elle n'était pas homologuée par le parlement sur les conclusions du ministère public. Le Code Napoléon n'a pas reproduit la même disposition, aussi la controverse ancienne a-t-elle reparu dans toute sa force. Nous pensons cependant que l'on ne doit pas hésiter à admettre la négative ; dans le silence de la loi à cet égard, on ne peut pas décider que la transaction faite par le grevé serait valable si elle était homologuée, ce serait en effet suppléer aux lacunes de ses dispositions d'une façon tout-à-fait anormale, car, d'une part, elle seule pouvait introduire dans notre droit les garanties de l'ordonnance de 1747, et elle ne l'a pas fait ; et, d'autre part, décider qu'en l'absence de toute homologation la transaction vaudrait, n'est-ce pas la violation la plus manifeste de l'art. 2045 qui consacre formellement l'ancien adage : *qui transigit alienat*, et qui n'accorde le droit de transiger qu'à ceux-là seuls qui ont le droit d'aliéner ? Du principe que le droit éventuel du substitué ne peut lui être enlevé sans son consentement, il faut nécessairement conclure que le grevé ne peut ni aliéner ni, par suite, transiger.

Quant à la question de savoir quelle peut être la valeur d'une transaction faite par l'emphytéote sur les choses soumises au droit d'emphytéose, nos anciens auteurs la tranchaient en faisant des distinctions nombreuses, qu'il serait trop long de rapporter ici ; mais, sous l'empire du Code Napoléon, il n'y a pas de place à l'incertitude, le moindre doute n'est pas possible, l'art. 2045 est trop formel : le

principe qu'il énonce nous dit assez que l'emphytéote qui ne peut nuire en rien au propriétaire, ne
peut pas valablement faire sans son consentement
une transaction susceptible d'amoindrir les droits
qui un jour doivent lui retourner fatalement.

Disons enfin, en terminant, que l'héritier bénéficiaire a capacité pour transiger relativement aux
biens de la succession. Comme l'a décidé avec beaucoup de raison un arrêt de la Cour impériale de
Limoges, du 10 mars 1836 [1] : La qualité d'*héritier
bénéficiaire* n'enlève nullement la capacité de transiger sur les actions qui dépendent de la succession, car l'héritier bénéficiaire représente le défunt
de même que l'héritier pur et simple; la propriété
des biens de la succession réside sur sa tête, et il
a pleinement le droit de traiter et de transiger relativement à ces biens en subissant, comme une
conséquence de ces actes, la déchéance du bénéfice d'inventaire. (C. N. 803 et 2045.)

SECTION III

EFFETS DES TRANSACTIONS

Nous venons de voir sur quoi l'on peut transiger,
et quelle est la capacité requise pour pouvoir faire
valablement une transaction : il faut voir maintenant quels sont les effets que produit une transac-

[1] D., p. 37, 11, 38 (S... C. FILLOULAND).

8

.tion, et, pour cela, trois questions sont à examiner successivement :

1° Quels sont les effets propres de la transaction ?

2° Entre quelles limites doivent-ils se produire ? c'est-à-dire à quelles personnes et à quelles choses doivent-ils s'étendre ?

3° Quelle est la conséquence de la stipulation d'une peine ajoutée à une transaction ?

I

Quels sont les effets propres de la Transaction ?

L'art. 2052, alinéa 1, porte que « les transactions « ont entre les parties l'autorité de la chose jugée « en dernier ressort. » On s'est longuement préoccupé du sens véritablement pratique que le législateur avait voulu attacher à cette disposition, et les auteurs et les tribunaux étaient le plus magnifique désaccord dans les interprétations nombreuses qu'ils en ont successivement présentées. Un point bien certain tout d'abord est que ce paragraphe n'a pas pour but de reconnaître aux transactions la force exécutoire des jugements, puisqu'elles peuvent être faites par acte sous seing privé ; un autre point, également hors de doute et de discussion, c'est qu'il doit avoir trait à des effets qui ne résultent pas directement de la nature contractuelle de ·la transaction, car autrement il serait tout à fait superflu et inutile.

Cela posé, examinons les différentes explications que l'on a données sur cette phrase en apparence si simple et si claire, et en réalité, au contraire, tellement divinatoire et compliquée :

1º On a soutenu d'abord que le § 1ᵉʳ de l'article 2052 trouvait sa raison d'être dans le § 2, et que l'assimilation faite par la loi de la transaction au jugement résultait de ce que la transaction, pas plus que le jugement, ne pouvait être attaquée *pour cause d'erreur de droit ou pour cause de lésion.* Ce sont les travaux préparatoires de notre titre XV qui servent de base à toute cette interprétation. Dans le projet soumis au conseil d'Etat, l'art. 2052 ne comprenait que son alinéa, moins les mots : en *dernier ressort ;* mais, sur une observation du conseiller Berlier, et afin d'avoir une rédaction qui s'adaptât « mieux à l'ordre naturel des idées [1] », on ajouta la seconde phrase qui est ainsi conçue : « Elles ne peuvent être attaquées pour cause d'erreur de droit, ni pour cause de lésion. »

Cette seconde phrase, dit-on, justifie la première, et ce qui le prouve bien clairement, c'est la doctrine que défendait Bigot de Préameneu, lorsqu'il disait [2] « qu'en général les erreurs de droit ne s'excusent point, et que, dans les jugements auxquels on assimile les transactions, de pareilles erreurs n'ont jamais été mises au nombre des motifs suffisants pour les attaquer. » Mais, comment admettre une pareille opinion? Comment ne pas voir qu'elle est en contradiction formelle avec les principes qui nous régissent et les institutions judiciaires dont

[1] Locré, *Législ. de la France,* tome XV, page 406.
[2] Id., page 422.

nous sommes dotés ? Quel est donc le rôle de la
Cour de cassation, sinon de statuer sur des pour-
vois fondés sur des erreurs de droit ? Les jugements
sont rescindables pour les erreurs de cette nature,
et par là, leur autorité, au lieu d'être semblable, est
inférieure à celle des transactions. Quant au rejet de
la rescision pour lésion en notre matière, il ne
résulte pas le moins du monde de l'assimilation de
la transaction au jugement, il résulte purement et
simplement du principe nouveau, consacré par nos
lois, et qui consiste à ne pas admettre en règle
générale la lésion comme mode de rescision des
conventions, et, par conséquent, ici la transaction
est mise sur le même pied que les autres contrats.

L'on voit donc sans peine que cette première
explication est tout à fait inacceptable, puisqu'elle
n'a pas pu arriver à nous découvrir un effet de la
transaction qui ne dérive pas directement de sa
nature contractuelle, et qui en même temps lui soit
commun avec les jugements.

2° La chambre civile de la Cour de cassation en a
présenté une autre qui, à notre avis, est encore
moins admissible : elle voudrait que la transaction
eût l'autorité des jugements en dernier ressort, en
ce sens que, comme eux, elle ne pût être interprétée
souverainement que par la Cour suprême, de telle
sorte que ce qui, en matière ordinaire, constituerait
un *mal jugé,* deviendrait ici un moyen exceptionnel
de cassation.

Ce système, le seul évidemment acceptable, lorsqu'il s'agit de l'interprétation d'un jugement, car
l'observation de la chose jugée tient absolument à

l'ordre public, ce système, dis-je, ne peut pas se
soutenir quand il s'agit purement et simplement
d'apprécier l'intention des parties et la portée plus
ou moins considérable de telle ou telle des clauses
par elles stipulées. Qu'il y ait ouverture à cassation
quand il résulte des faits constatés par un arrêt que
la qualification de transaction a été à tort appliquée
ou refusée à un acte, ou bien quand on a attaché à
une transaction des conséquences que légalement
elle ne peut produire, ou qu'on lui refuse celles que
lui reconnaît la loi, nous l'accordons bien volontiers et nous serons les premiers à l'admettre, parce
qu'alors une loi d'intérêt général est en jeu et
demande à être respectée; mais aller, en principe,
soumettre à la juridiction de la Cour suprême l'interprétation d'un contrat purement privé et qui, en
définitive, garde toujours ce caractère de contrat
purement privé, malgré la qualification de jugement
qu'on lui prête, n'est-ce pas, de la manière la plus
flagrante, confondre deux choses que le législateur
a toujours pris le plus grand soin de distinguer :
l'ordre public et l'intérêt des particuliers? N'est-ce
pas encore renverser l'ordre de nos juridictions et
imposer à la Cour de cassation, par l'examen minu-
tieux d'une multitude de faits et de circonstances,
le simple rôle d'une Cour d'appel ?

La chambre des requêtes semble l'avoir compris,
et plusieurs fois déjà elle s'est trouvée dans le cas
de reconnaître, en matière d'interprétation de transactions, la souveraineté des Cours impériales[1].

[1] 31 décembre 1835 et 20 juin 1841.

3° Une troisième opinion s'est présentée qui a soutenu que la disposition de l'art. 2052 n'avait d'autre but que celui de déterminer la nature des transactions et de décider, par leur assimilation au jugement, que comme eux elles étaient purement déclaratives de propriété. Nous avons vu précédemment ce qu'il peut y avoir de vrai dans cette idée ; nous pensons qu'on peut tirer un très fort argument du texte de cet article à l'appui du système de la nature déclarative de la transaction, mais nous ne croyons pas que le législateur ait eu pour but unique et exclusif, lorsqu'il a formulé ce principe, de décider la grande et célèbre question que nous avons étudiée et discutée dans notre premier chapitre, car autrement il aurait employé des expressions moins ambiguës, des termes plus clairs, en un mot, une formule moins énigmatique et analogue à celle qu'il a employée lorsqu'il a voulu reconnaitre au partage un caractère essentiellement déclaratif.

4° Dira-t-on enfin que, si la transaction est mise par la loi sur le même rang que le jugement, c'est parce qu'elle engendre une exception analogue à celle de la chose jugée et qui ne peut, comme elle, être invoquée que sous les conditions prescrites par l'art. 1351, c'est-à-dire dans les cas seulement où il y a identité de parties et identité d'objet? Mais alors on fait du § 1 de l'art. 2052 une disposition tout à fait inutile, car l'art. 1351 ne fait pas autre chose qu'appliquer au jugement un principe qui est de l'essence de tous les contrats, à savoir : que les clauses qu'ils renferment n'ont d'effets qu'à l'égard des parties ou de leurs ayants-cause, et à l'égard seulement des objets qui y ont été compris.

On est bien obligé de reconnaître que toutes les explications fournies par les commentateurs soulèvent de graves difficultés, et l'on ne sait vraiment à quelle interprétation l'on devrait de préférence s'arrêter. Quant à nous, nous pensons que la disposition de l'art. 2052 n'a pas été rédigée par le législateur dans le but d'exprimer plutôt telle ou telle des idées qu'on a voulu lui prêter quand on a cherché la raison d'être de ce paragraphe, et nous croyons que, si on veut se placer à un point de vue éminemment pratique, si, pour se guider, on veut faire appel aux seules lumières du bon sens et de la raison, on en aura bientôt trouvé l'explication et on reconnaîtra que, dans l'esprit des rédacteurs du Code, l'alinéa 1 de l'art. 2052 a été comme le reflet de tout un faisceau d'idées parfaitement justes en elles-mêmes, qu'ils avaient à exprimer et qu'ils ne savaient comment rendre toutes d'une façon plus claire et plus intelligible. Quel est, en effet, le but de la transaction? N'est-ce pas de prévenir ou de terminer des procès? Et alors la transaction n'est-elle pas un jugement véritable, puisque, comme les jugements, elle a pour effet d'éteindre des litiges, et un jugement d'autant plus ferme et d'autant moins attaquable que, selon la forte expression de Domat[1], « les parties y ont consenti et que l'engagement qui délivre d'un procès est tout favorable? » La transaction n'engendre-t-elle pas une

---

[1] *Lois civiles dans leur ordre naturel*, tome III, Transactions, n° 9.

exception *litis per transactionem finitæ* qui est complétement identique à l'exception *rei judicatæ*
engendrée par les jugements en dernier ressort?
Enfin, ne doit-elle pas participer à la nature des
jugements, en ce sens que, comme eux, elle doit
être déclarative de propriété? N'est-il pas juste
alors d'assimiler la transaction aux jugements, de
dire qu'entre elle et eux il existe sinon une identité
parfaite, au moins une ressemblance très grande,
quitte plus tard et dans d'autres articles à signaler
les différences qui les séparent et qui empêchent
de les confondre? Nous avons vu dans notre chapitre Ier, § 4, les diff'rences des transactions judiciaires et des jugements, il ne nous reste ici qu'à
indiquer celles qui existent entre la transaction
extrajudiciaire et le jugement; il y en a cinq :

1º La transaction peut avoir pour objet un procès déjà né ou une contestation à naître, tandis
que le jugement ne peut naturellement intervenir
que lorsqu'une instance a été introduite.

2º La transaction est le résultat de l'incertitude
des contractants, c'est pour ainsi dire le fruit de
leur doute; le jugement, au contraire, émane de
la conviction, élevée presque jusqu'au degré de
certitude, du magistrat qui le prononce.

3º Un jugement peut être cassé sur un chef et
conservé sur un autre, tandis que la nullité d'une
des clauses d'une transaction entraine la nullité
de l'acte tout entier; car ses dispositions sont
inséparables; l'une est la conséquence de l'autre, et
il existe entre elles une corrélation si intime qu'elles
ne peuvent former qu'un seul tout indivisible, et

que si l'une d'elles vient à crouler, toutes les autres
doivent fatalement crouler avec elle.

4° La transaction ne peut pas être attaquée par
la cassation ou la requête civile, quand bien
même ces deux voies de recours sont admises
contre un jugement quoique passé en force de
chose jugée [1]; mais par contre, aux termes de
l'art. 2057, on pourrait en demander la rescision
dans certains cas pour raison de pièces nouvellement découvertes, tandis qu'un jugement serait
inébranlable pour cette cause. L'erreur de fait
pourrait en faire déclarer la nullité, tandis que le
jugement, qui a force de chose jugée, ne serait
rescindé pour ce motif qu'autant que l'erreur pro-
viendrait du dol de l'autre partie. (Art. 480,1°, C. pr.)

5° Enfin, le jugement est exécutoire à l'égard
des tiers, qui ne l'ont pas attaqué par la voie de
la tierce opposition, tandis que la transaction ne
lie que les parties contractantes ; et, à la différence de ce qui se passe pour les jugements, à
l'exécution desquels on ne peut résister que par
la tierce opposition, on n'est pas obligé, pour prévenir l'effet d'une transaction, de recourir à cette
voie, on n'a qu'à répondre à la partie qui vous
l'oppose : elle est pour moi *res inter alios acta,* et
on le sait, *res inter alios acta nemini prodest nec
nocet.*

Abstraction faite de ces différences, que l'on
peut signaler entre la transaction et le jugement,

---

[1] Les demandes en rescision d'une transaction sont portées
par action principale et directe devant le tribunal.

l'assimilation que la loi fait entre elle et lui est
complète, et nous en conclurons que la transaction, de sa nature, est déclarative de propriété
quant aux objets litigieux, et qu'elle ne peut, à la
différence de certains contrats, être attaquée pour
cause de lésion (art. 887, 1118, 1305, 1374, C. N.)

L'autorité des transactions étant ainsi déter-
minée, voyons maintenant quelle en est la portée ;
en d'autres termes, demandons-nous à l'égard de
quelles personnes et au sujet de quelles choses,
elles peuvent sortir leur effet.

II

A quelles personnes et à quelles choses doivent s'étendre
les effets d'une transaction.

Les art. 2048, 2049, 2050, 2051 du C. N. four-
nissent la réponse à cette question :

A la simple lecture de ces quatre articles, on
voit immédiatement que le législateur, prévoyant
ici et réglant plusieurs hypothèses distinctes, n'a
fait qu'appliquer à des cas particuliers le principe
qu'il a formulé avec une précision pleine d'énergie, dans l'art. 1351 du C. N, à savoir que : » l'autorité de la chose jugée n'a lieu qu'à l'égard de
ce qui a fait l'objet du jugement. Il faut que la
chose demandée soit la même; que la demande
soit fondée sur la même cause ; que la demande
soit entre les mêmes parties, et formée par elles
et contre elles en la même qualité. » Donc,
extinction du litige, voilà l'effet que la transaction
a produit; mais pour que l'exception qui résulte

de ce contrat soit opposable, il faut 1° que l'objet
de la demande postérieurement formée soit précisément le même que celui de la transaction, et
2° que les parties en instance soient exactement
celles qui ont contracté par là transaction l'obligation réciproque de ne plus s'inquiéter l'une de
l'autre ; identité d'objet et identité de parties, telles
sont les deux conditions à la fois nécessaires et
suffisantes pour l'exercice de cette exception.
Nous allons les étudier successivement, et nous
aurons ainsi l'occasion d'examiner les questions
nombreuses et délicates que soulève l'explication
des articles précités 2048, 2049, 2050, 2051.

I. — Identité d'objets.

Le grand principe à poser ici, c'est que la transaction est un contrat, et que, comme telle, elle
doit être exécutée de bonne foi. C'est à l'intention des parties qu'il faut avant tout faire appel,
lorsqu'il s'agit de l'interpréter ; cela résulte clairement des art. 2048 et 2049 qui statuent : le
premier sur la question de savoir quels sont au
juste les objets compris dans la transaction,
et le second sur celle de savoir quelles sont,
à l'égard d'un même objet, les difficultés tran-
chées par la transaction, et qui décident en des
termes dont on ne pourra contester la clarté, que
la transaction est *strictissimi juris* et que ses effets
s'étendront seulement aux objets et aux différends
sur lesquels les parties paraîtront avoir eu la
volonté formelle de transiger ; c'est là l'application
pure et simple de cette règle formulée par la loi 9

au Digeste *De transactionibus, in fine :* « *Iniquum est perimi pacto id de quo cogitatum non est* [1]. » Ainsi, si une transaction intervient sur les immeubles *A* et *B*, elle ne s'étendra pas aux immeubles *C* et *D* ; si elle intervient sur le capital, elle ne s'étendra pas nécessairement aux intérêts, elle ne pourrait s'étendre à eux qu'autant que toute autre explication de l'acte paraîtrait incompatible avec la volonté des contractants.

Mais, que décider si les parties ont déclaré dans une clause spéciale qu'elles entendaient étouffer entre elles tous différends, même pour les causes et objets non prévus et étrangers à la contestation ? Nous pensons, quant à nous, qu'il ne faut pas attacher d'importance à une pareille clause ; car, trop souvent, elle n'est que de style, et les parties n'ont pu avoir d'intention véritable, de consentement réel, qu'à l'égard des objets et différends expressément prévus. N'oublions pas de dire, du reste, que les Tribunaux ont, à ce sujet, un pouvoir souverain d'interprétation, et qu'ils doivent se livrer avec le plus grand soin et la plus scrupuleuse attention à la recherche de la volonté exacte des parties transigeantes [2].

II. — Identité des parties.

Disons, dès à présent, pour éviter toute confusion, que nous appellerons *parties* les contractants

[1] Lib. II, tit. XV.
[2] TROPLONG. *Transactions,* nos 113 et 114. —BOILEUX, *Transactions,* tome VII, page 20.

eux-mêmes et leurs héritiers ou autres successeurs
à titre universel. Quant aux ayants-cause particuliers, la transaction ne peut leur être opposée que
dans le cas où elle est antérieure à leur propre titre;
et quant aux créanciers, ils seront considérés, suivant le point de vue auquel on se placera pour
apprécier leur situation juridique, tour à tour
comme *ayants-cause* ou comme *tiers:* comme *ayants-
cause*, en ce sens qu'ils profiteront ou souffriront
des modifications produites par la transaction dans
le patrimoine de leur débiteur, sauf pour eux
l'exercice de l'action Paulienne, si la transaction a
été faite en fraude de leurs droits ; comme *tiers,* en
ce sens que les transactions conclues avec d'autres
par leur débiteur, ne peuvent changer le chiffre de
leurs créances : c'était l'hypothèse que Ulpien
prévoyait dans la loi 8, § 5, D. *de Transactionibus* [1],
lorsque, supposant qu'un légataire Titius a été grevé,
à titre de fideicommis ou de condition, de l'obligation de fournir des aliments à Seius, il décide que
Titius peut à son gré transiger sur son legs, tandis
que Seius ne transigerait pas valablement sur son
droit, sans l'autorisation du magistrat, et cela,
nous dit-il, parce que la transaction faite par Titius
ne diminue pas la créance alimentaire de Seius,
« *Nec enim transactione Titii minuuntur alimenta
Seii.* » Cela posé, arrivons immédiatement aux règles
que nous devons tracer en cette matière.

Pour que l'exception *litis per transactionem finitæ*
puisse être opposée à juste titre, il faut que les

---

[1] Lib. II, t. XV. — 1re partie de notre Thèse P.

parties en instance soient les mêmes et qu'elles agissent chacune en la même qualité : identité physique et identité morale, si l'on peut employer ici ces expressions, voilà donc la condition absolument nécessaire, la condition *sine quâ non*, de l'exercice de cette exception; sans elle, la transaction ne produit nul effet. Par suite, si celui qui avait transigé sur un droit qu'il avait de son chef acquiert ensuite un droit semblable du chef d'une autre personne, il n'est point, quant au droit nouvellement acquis, lié par la transaction antérieure (art. 2050, C. N.). Ce n'est plus, en effet, la même personne juridique qui est en instance, et une transaction qui n'a jamais existé à l'égard d'un intéressé ne peut pas avoir la moindre portée relativement aux droits qu'il transmet à son ayantcause. Comme l'a remarqué très justement M. Bigot de Préameneu dans son exposé de motifs devant le Corps législatif [1] : « On ne peut pas dire que le droit qui n'était pas encore acquis dans le temps de la transaction en ait été l'objet. Il y a même raison de transiger ; mais il n'y a point de lien de droit qui puisse, à l'égard du droit nouvellement échu, être opposé. » Ainsi donc, si de plusieurs légataires tenant tous leurs droits du même testateur, un seul transige sur la validité du testament, et que plus tard il vienne à recueillir par succession legs, donation ou autrement, le droit d'un de ses cointéressés, il restera, comme représentant de ce dernier, tout à fait étranger à la transaction,

[1] LOCRÉ, *Législation de la France,* tome XV, p. 421.

c'est-à-dire qu'elle ne pourra être invoquée par lui et contre lui que dans la limite du droit qui lui compète de son chef.

Telle est l'hypothèse prévue et réglée par l'art. 2050; et l'art. 2051, étendant le principe jusqu'à ses dernières limites, décide que « la transaction faite par l'un des intéressés ne lie point les autres intéressés et ne peut être opposée par eux. » C'est là une conséquence de cet autre principe de droit formulé par les art. 1119, 1121 et 1165 du Code civil, à savoir qu'on ne peut, en général, s'engager ni stipuler en son propre nom que pour soi-même. Aussi, si de plusieurs héritiers qui poursuivent un même débiteur, l'un transige, cette transaction ne vaudra que pour sa part, elle ne pourra être opposée ni à ses cohéritiers ni par ceux-ci au débiteur.

Cependant, malgré la généralité des termes dans lesquels est conçu l'art. 2051, nous croyons qu'il y a plusieurs situations juridiques, que notre article ne peut pas régir et où le principe qu'il énonce ne peut pas trouver d'application. Et, en effet, suivant que l'auteur de la transaction doit garantie à ses cointéressés, ou bien qu'il peut être considéré comme ayant mandat de rendre meilleure leur condition, nous allons voir que dans certains cas la transaction doit profiter aux cointéressés sans qu'ils aient à en subir les charges, et que dans d'autres, au contraire, ils peuvent, à leur choix, y rester étrangers ou l'invoquer, mais alors en se soumettant aux obligations qu'elle produit. Pour cela, nous allons examiner successivement six hypo-

thèses distinctes, où, bien entendu, nous suppo-
serons toujours que la partie qui a transigé n'a pas
déclaré l'intention d'agir aussi au nom de ses cointéressés :

Première hypothèse : Dette de garantie formelle.

Deuxième hypothèse : Dette garantie par voie de
cautionnement.

Troisième hypothèse : Dette indivisible.

Quatrième hypothèse : Dette solidaire.

Cinquième hypothèse : Créance solidaire.

Sixième hypothèse : Droit appartenant à plusieurs
associés.

1re HYPOTHÈSE. — *Dette de garantie formelle.* Voici,
par exemple, un vendeur qui, voyant son acheteur
attaqué par un tiers qui prétend l'évincer, transige
avec ce tiers et contracte une obligation quelconque
envers lui pour l'amener à se désister de son
action ; assurément, l'acheteur poursuivi pourra
opposer l'exception *litis per transactionem finitæ,*
car, s'il en était autrement, l'éviction venant à se
réaliser, le vendeur, obligé d'indemniser l'acheteur,
ne tirerait aucun profit de la transaction, tandis
qu'au contraire le tiers ne pourra pas venir demander à l'acheteur l'exécution de la promesse à lui
faite par le vendeur.

2me HYPOTHÈSE.— *Dette garantie par voie de cautionnement.* La transaction est-elle faite par le débiteur
lui-même? Il est bien clair alors que la caution en
profite dans la mesure exacte où elle aurait invoqué,
en cas de paiement, le bénéfice de la subrogation
légale (art. 2037), autrement le débiteur principal
qui lui devrait garantie ne retirerait aucun avan-

tage du contrat qu'il aurait fait; c'est cette considération qui décida le conseil d'Etat à retrancher
comme inutile un article du projet qui aurait
déclaré que la transaction faite par le débiteur
profite à la caution et ne lui nuit jamais. Ainsi, par
exemple, si l'ancienne obligation complètement
éteinte a été remplacée par une obligation nouvelle, la caution est définitivement et absolument
libérée; si, au contraire, le créancier n'a fait que
diminuer le montant de sa demande ou en res-
treindre les charges, la libération de la caution n'a
lieu que jusqu'à concurrence de cette remise. —
Est-ce la caution elle-même qui a transigé? Nous
pensons que, par application de l'art. 1287, la
remise consentie lui est toute personnelle, et que,
par conséquent, le débiteur n'obtient aucune libération. L'argument qu'on pourrait tirer en sens
inverse de l'art. 1365 qui décide que le serment
déféré à la caution profite au débiteur ne nous
semble pas concluant, et la prescription de cet
article nous parait basée sur des considérations
de morale et d'ordre public qu'il est impossible de
retrouver ici. Hâtons-nous d'ajouter cependant
que, comme le créancier ne doit pas recevoir
double paiement, le débiteur principal, en cas de
poursuites, opposerait valablement la transaction
jusqu'à concurrence des valeurs fournies par la
caution, en exécution de la transaction. Enfin,
puisque l'art. 1288 veut que « ce que le créancier
a reçu d'une caution, pour la décharge de son
cautionnement, soit imputé sur la dette, et tourne
à la décharge du débiteur principal et des autres

9

cautions, » nous croyons que, lorsque la transaction a porté sur le fait même du cautionnement, le débiteur est libéré dans la mesure de ce que la caution a payé.

3ᵐᵒ HYPOTHÈSE.— *Dette indivisible.* Deux cas sont à étudier : il y a plusieurs créanciers et un seul débiteur; — il y a plusieurs débiteurs et un seul créancier. Et, d'abord, supposons qu'il y a plusieurs créanciers et un seul débiteur, et que celui-ci transige avec l'un d'eux : que va-t-il arriver ? Nous appliquerons ici l'art. 1224 C. N. et nous déciderons par conséquent que les autres créanciers conserveront le droit de réclamer leur créance dans toute son intégralité, car le fait de leur co-intéressé ne pourrait pas leur porter préjudice ; mais, bien entendu, ils doivent tenir compte au débiteur de la portion du créancier qui a transigé pour éviter tout un circuit d'actions, fort dommageable, par lequel celui-ci, poursuivi par le débiteur pour inexécution de la transaction, exercerait lui-même un recours en garantie contre celui qui aurait reçu le paiement total. Si nous supposons, au contraire, que l'un de plusieurs débiteurs transige avec le créancier, celui-ci conservera son droit entier contre tous les autres, sauf, dans son action, à tenir compte de la part du débiteur libéré, car autrement on arriverait ici encore, comme plus haut, à un circuit d'actions qui rendrait la transaction absolument inutile.

MM. Aubry et Rau, nᵒ 424, Troplong, nᵒ 127, et Duranton, nᵒ 418, ont soutenu que, dans le cas d'indivisibilité du droit, objet de la transaction, les cóintéressés étrangers à l'acte pouvaient se l'approprier d'une manière absolue s'il leur semblait avantageux. Nous croyons, malgré l'autorité de ces auteurs, que ce système n'est pas admissible ; car d'abord, comme nous l'avons supposé en commençant l'examen de ces différentes hypothèses, celui qui a transigé n'a agi qu'en son nom personnel, et ensuite le fait seul de l'indivisibilité de l'obligation n'implique pas la moindre idée de mandat entre les différents sujets actifs ou passifs du droit.

4me HYPOTHÈSE. — *Dette solidaire*. Si la transaction a été formellement restreinte à la part du codébiteur contractant, ou bien si elle n'a eu pour objet que le fait seul de la solidarité; ou bien, enfin, si elle a porté seulement sur une exception personnelle à celui qui transige, nous pensons, conformément à la décision que donne l'art. 1210 pour le cas où le créancier a consenti à la division de la dette à l'égard de l'un des codébiteurs, nous pensons, dis-je, que le créancier conserve son action solidaire contre les autres débiteurs, mais sous la déduction : 1° de la part du débiteur avec lequel il a contracté, car autrement le recours en garantie qu'exerceraient contre celui-ci les autres cointéressés rendrait la transaction tout à fait inefficace; et 2° de la part qu'il aurait eue à supporter dans la perte résultant de l'insolvabilité de quelque autre codébiteur; car, s'adresser aux autres débiteurs pour le paiement complet de cette part serait contraire à la règle *res inter alios acta nemini nocet nec prodest*, et s'adresser à celui qui a transigé serait violer formellement l'intention qu'il a dû avoir, ainsi que le créancier, au moment du contrat, de ne laisser pour l'avenir subsister entre eux aucun germe de difficulté [1].

Mais, si la transaction avait eu pour objet l'existence même de la dette ou une exception commune, et qu'elle n'eût pas été restreinte spécialement à la part du contractant, les autres codébiteurs auraient le droit de s'approprier la transaction, en en acceptant les charges proportionnellement à la part que chacun d'eux, en définitive, devait supporter dans la dette, car il est de principe que les débiteurs solidaires ont un mandat réciproque pour améliorer leur condition. Du reste, l'article 1285 C. N. donne identiquement la même solution pour le cas où il y a eu remise ou décharge conventionnelle au profit de l'un des codébiteurs solidaires ; alors cependant, la créance n'est point douteuse comme dans notre hypothèse, et l'on peut supposer avec bien plus

[1] L'on a contesté la solution que nous venons de donner pour le cas où la transaction porte sur une exception personnelle à celui qui transige, et l'on a soutenu que, pourvu que le créancier justifie du caractère personnel de l'exception, les autres codébiteurs doivent être libérés, non pas jusqu'à concurrence de la part du transigeant, mais seulement dans la mesure de ce qu'il aura donné ou promis, et cela, a-t-on dit, parce que le débiteur, en ne transigeant pas, pouvait faire retomber sur les autres le fardeau entier de la dette. Il nous semble que ce serait là une atteinte des plus graves à la règle *res inter alios acta* que nous venons de citer; et d'ailleurs admettre un tel système, ne serait-ce pas laisser le champ ouvert à toutes les manœuvres que pourrait imaginer pour le salut de sa créance un créancier de mauvaise foi ? (CALIXTE ACCARIAS, *Etude sur les transactions*, p. 205.)

de raison que le créancier a voulu faire une libéralité. Si le créancier, en transigeant, a expressément réservé son droit contre les autres codébiteurs, il ne pourra plus agir contre eux que
déduction faite de la part de celui avec lequel il
aura transigé et de celle que ce dernier aurait
supportée dans la perte résultant de l'insolvabilité
d'un des codébiteurs. Même, s'il a reçu au delà
de la part de celui avec lequel il a contracté, sa
demande ne pourra excéder le surplus, car le
grand principe en cette matière est que le créancier ne doit jamais recevoir plus qu'il ne lui
était dû primitivement, lorsqu'il reçoit en vertu
d'une cause, distincte peut-être en droit de la
cause primitive, mais qui s'y rattache en fait et ne
s'explique que par elle. (Art. 1288 C. N.)

5me HYPOTHÈSE. — *Créance solidaire.* Nous ferons
ici la distinction que nous venons de faire pour
le cas de dette solidaire. Si la transaction faite
par le débiteur avec l'un des créanciers a été
expressément restreinte à la part du contractant,
ou bien si elle a pour objet une exception invocable contre lui seul, ou le fait même de la solidarité seulement, les autres créanciers solidaires
ne peuvent plus agir que sous la déduction de sa
part.

Mais, si au contraire la transaction, sans être
restreinte à la part seule du contractant, a porté
sur l'existence même de la dette, ou sur une
exception invocable contre tous, nous pensons
alors avec MM. Troplong, Duranton, Massé et
Vergé dans leurs annotations sur Zachariæ, mais

contrairement à la doctrine de M. Delvincourt [1], que les autres créanciers sont libres d'accéder de droit à la transaction, s'ils la trouvent avantageuse, ou d'y rester étrangers, s'ils croient qu'elle doive nuire à leurs intérèts. Les créanciers solidaires, en effet, comme les débiteurs solidaires, ont un mandat légal afin d'améliorer leur position respective, mais non pas afin de la rendre pire (1197 et 1199). C'est seulement quand l'intérèt des tiers est connexe, sans être solidaire, que la transaction faite avec l'un ne profite pas à l'autre [2].

6me HYPOTHÈSE. — *Droit appartenant à plusieurs associés.* Si l'associé qui transige a la faculté d'administrer, on conçoit aisément que ses co-associés soient liés par son contrat; car, s'il n'a pas manifesté expressément d'intention contraire, on doit supposer qu'il a voulu transiger non pas sur sa seule part dans l'intérèt commun, mais en qualité d'administrateur et au nom de tous. Si, au contraire, il n'était pas revêtu du pouvoir d'administrer, alors de deux choses l'une : ou bien la transaction a eu pour objet un droit de créance, ou bien elle a porté sur un droit réel indivis entre les associés : au premier cas, il n'y a pas solidarité, il n'y a qu'un simple intérèt connexe, les créances et dettes de la société ne sont que conjointes, dès qu'elles existent, elles sont divisées entre les différents associés et par conséquent nous ne voyons pas où l'associé aurait pu

[1] § 4.
[2] TROPLONG, *Transaction*, n° 123.

puiser le droit de faire, sans mandat spécial, une transaction susceptible de profiter à ses coassociés; au second cas, nous déciderons, comme nous l'avons fait dans l'examen de notre troisième hypothèse, que la transaction, faite par un associé, toujours inopposable aux autres coassociés, ne peut pas non plus être invoquée par eux, à moins toutefois que la transaction ne puisse pas être restreinte à la part de celui qui a traité, ou qu'elle ne porte sur un droit, qui, comme une servitude par exemple, ne pouvant exister sur une part indivise, ni au profit d'une part indivisible, n'est pas accordé généralement *intuitu personœ*.

Telles sont, en somme, les règles qui président à l'interprétation des transactions. On le voit, une transaction est *strictissimi juris*, elle doit toujours être interprétée restrictivement, et le principe est que ces effets ne peuvent se produire qu'entre les parties au contrat seulement.

Quelques mots maintenant sur les effets de l'insertion d'une clause pénale dans une transaction, et nous aurons ainsi fini la deuxième partie de notre travail.

III. — Quelle est la conséquence de la stipulation d'une peine ajoutée à une transaction.

La transaction est un contrat; par conséquent, les parties peuvent, comme pour toutes les conventions possibles (1226 et s. C. N.), stipuler une clause pénale dans le but d'en assurer l'exécution : C'est ce que déclare formellement l'article 2074 : « On peut ajouter, dit-il, à une transac-

tion la stipulation d'une peine contre celui qui
manquera de l'exécuter. » Mais, quel sera ici
l'effet de cette stipulation accessoire ? Faudra-
t-il, faisant application à la transaction des règles
du droit commun, décider avec l'art. 1229 que
celui au profit duquel elle est faite n'a droit qu'à
une simple option entre la demande de la peine et
l'exécution de l'obligation principale? ou bien,
au contraire, faudra-t-il, pour donner quelque
utilité à notre art. 2047, qui serait absolument sans
effet s'il ne dérogeait pas aux règles ordinaires,
décider que l'inobservation des clauses de la transaction entraîne le droit de demander cumulativement le principal et la peine? C'est là une question des plus controversées, et qui, ne trouvant
sa solution ni dans les termes de l'art. 2047, ni
dans les travaux préparatoires du Code, doit se
résoudre, à notre avis, d'après l'intention des parties contractantes. Pas de difficulté d'abord, si la
peine a été stipulée pour le simple retard dans
l'exécution de la transaction, ou bien si le contrat
est explicite à cet égard, si, par exemple, il a été
convenu que la peine serait encourue sans préjudice du maintien de la transaction, *rato manente
pacto*, comme disaient les jurisconsultes romains.
Mais *quid*, si les parties sont restées muettes sur
les conséquences de la clause générale ? Toullier [1]
pense que l'art. 2047 doit être entendu en ce sens
que la peine est due, indépendamment de l'exécution de la transaction, toutes les fois que les

[1] T. VI, n° 829.

termes de la convention n'y résistent pas formellement; Duranton [1] et Zachariæ [2] croient, au contraire, qu'il faut, en général, une stipulation
expresse pour le cumul de la peine avec l'exécution de la transaction. Ces deux systèmes sont
tous les deux beaucoup trop absolus, et l'excès
de rigueur qu'ils ont l'un et l'autre, les condamne
et les perd, parce qu'il les fait tomber dans l'arbitraire. Comme nous l'avons dit plus haut, dans le
silence de la loi et en l'absence de documents à
tirer des travaux préparatoires du Code, nous
devons faire appel ici à l'intention des parties;
cette intention quelle est-elle ? Nous distinguerons
avec M. Delvincourt [3] trois hypothèses : La transaction entraîne-t-elle obligation de ne pas faire ?
La peine alors doit être encourue par le seul fait
de la contravention; l'exécution de l'obligation
accessoire est la conséquence immédiate de
l'inexécution de l'obligation principale, et lorsqu'on
demandera l'exécution de celle-ci, on demandera
par là-même l'exécution de celle-là : donc, dans ce
premier cas, cumul. La transaction, au contraire,
porte-t-elle engagement de la part des parties ou
de l'une d'elles de donner ou de faire ? la peine
est censée stipulée pour le cas seulement où cette
obligation ne serait pas exécutée, et, par suite,
elle ne peut être, sauf stipulation contraire, cumu-
lée avec l'exécution de la transaction. Enfin, si par
la transaction tout est complètement fini, de façon

[1] T. XI, nᵒ 345.
[2] T. II, § 310, note 4; t. III, § 421.
[3] T. III, notes, p. 250.

que les parties n'aient plus rien à donner ou à
exécuter, la clause pénale a évidemment pour but
de prévenir tout procès ultérieur, elle est supposée
représenter le dommage qu'occasionnera la nécessité de plaider pour faire maintenir la transaction:
aussi pourra-t-on exiger cumulativement l'exécution de l'obligation principale et le montant de la
peine. Inutile de dire, du reste, que les tribunaux
ont un pouvoir souverain pour décider en fait si
tel cas prévu par une transaction pour l'application de la clause pénale est arrivé. Tel est le système auquel nous nous arrêterons, parce qu'il nous
paraît tout à fait conforme à l'esprit de la loi, et
que c'est celui qu'enseigne Pothier [1], guide ordinaire des rédacteurs du Code Napoléon.

Lorsque la transaction est rescindée, par exemple, pour cause de dol ou de violence, l'annulation de la transaction entraîne nécessairement celle
de la clause pénale, car il est de principe que
l'accessoire suit le sort du principal, et, la transaction croulant, la clause pénale doit crouler
avec elle. Aussi pensons-nous que la peine ne
doit être payée que dans le cas où la partie qui
intente le procès en rescision vient à échouer.
MM. Toullier [2] et Troplong [3] croient que la peine
est encourue dès que « le procès est commencé, »
sauf à la restituer ensuite à celui qui l'a fournie
s'il triomphe. Mais cette doctrine évidemment
n'est pas admissible. Pourquoi faire aujourd'hui

[1] *Obl.*, nos 343 et s.
[2] T. VI, nos 820 et s.
[3] *Transactions*, no 105.

une prestation que l'on répétera demain ? Ne voit-on pas que la condition mise par la loi à l'exigibilité de la peine n'est pas *si l'on fait un procès*, mais *si l'on fait un procès mal fondé*.

Enfin nous admettrons avec un arrêt de la Cour de Bastia du 8 février 1837 [1] que la clause pénale n'est pas encourue par le seul fait d'une demande en rectification pour cause d'erreur de calcul, bien que cette demande soit rejetée, si la partie a agi de bonne foi : l'erreur de calcul, en effet, est contraire à la volonté des parties, et, *aux termes de l'art. 2058*, on est toujours admis à en demander la rectification.

Il ne nous reste plus maintenant qu'à étudier les causes de nullité et de rescision des transactions ; ce sera l'objet de notre chapitre III et dernier.

CHAPITRE III

CAUSES DE NULLITÉ ET DE RESCISION DES TRANSACTIONS

Avant d'entrer dans l'exposé des matières de ce chapitre, nous ferons deux observations qui, à notre avis, sont absolument nécessaires pour l'intelligence de tout ce qui va suivre :

[1] Deville, 37, 2, 443.

1° Nous ferons remarquer tout d'abord qu'à la différence des jugements, dont chaque chef peut être considéré isolément, *tot capita, tot sententiæ*, la transaction forme un tout indivisible, une unité simple et indécomposable, et que, par conséquent, déclarée nulle sur un chef, elle doit être regardée aussi comme telle pour tous les autres. D'après Rigal [1], il en serait cependant autrement si les chefs d'une même transaction étaient distincts ou indépendants les uns des autres, de manière *qu'ils ne fussent pas accordés les uns en considération des autres*. Nous ne pensons pas que cette exception puisse être admise. Comment, en effet, pourrait-on savoir que la partie aurait transigé comme elle l'a fait sur un point, s'il n'y avait pas eu transaction sur l'autre? Et, du reste, n'est-il pas évident qu'elle est en contradiction formelle avec l'art. 2055 du C. N. qui déclare, en termes aussi précis que possible, « *entièrement nulle* » la transaction faite sur pièces qui depuis ont été reconnues fausses? Qu'il nous suffise d'ajouter enfin que tel était déjà le système enseigné dans notre ancien droit par d'Argentrée [2], et que les travaux préparatoires du Code nous montrent à deux reprises l'intention formelle qu'avait le législateur de le consacrer [3].

2° Nous ferons enfin observer que, dans les art. 2052 et suivants, où il s'occupe des causes de rescision des transactions, le Code n'a pas fait la

[1] *Traité des Transactions, ou Moyen de prévenir les procès*, page 153.

[2] Sur l'art. 433 de la Coutume de Bretagne.

[3] Exposé des motifs de notre titre; Fenet XV, p. 110 et 112.

moindre distinction entre les cas où la transaction est *nulle* et ceux où elle est simplement *annulable*. Il importe cependant grandement de ne pas les confondre, et l'on en saisit tout l'intérêt en se plaçant successivement à deux points de vue bien divers : et en effet, d'abord, si une transaction est absolument inexistante, radicalement nulle *ab initio,* il est clair que tous les intéressés ont également le droit d'en faire déclarer la nullité, tandis qu'au contraire, si elle ne peut donner ouverture qu'à une simple rescision, la personne seule à laquelle la loi confère spécialement ce droit, aura la faculté d'aller demander à la justice la libération des engagements qu'elle avait contractés. — Ensuite, au premier cas, la nullité de la transaction peut être toujours demandée, aucun délai n'est prescrit pour l'exercice de cette action, et le temps, pas plus qu'une ratification postérieure, ne pourrait arriver à faire valoir un contrat qui, aux yeux de la loi, est le néant; au second cas, au contraire, l'art. 1304 du C. N. trouve son application, l'action en rescision ne durera que dix ans, à compter du jour où la violence aura cessé, ou bien celui où l'erreur et le dol auront été découverts, ou bien, enfin, du jour de la dissolution du mariage, s'il s'agit d'actes passés par des femmes mariées non autorisées, et une ratification postérieure aura toujours le pouvoir d'apporter à la transaction l'élément qui manquait à sa validité. Aussi diviserons-nous ce dernier chapitre en deux paragraphes, dans lesquels nous traiterons successivement des causes de nullité, et des causes d'annulation et de réscision. Il est profondément regrettable que l'imperfection de la rédaction du Code à cet égard doive nous obliger à chaque instant à intervertir l'ordre de ses articles, et à nous appesantir, peut-être trop longtemps, sur des distinctions qu'il n'a point assez clairement indiquées et assez nettement formulées. La transaction, nous le savons, est un contrat, et comme telle, elle doit nécessairement satisfaire aux conditions exigées par la loi pour la validité des contrats. Or, l'art. 1108 du C. N. déclare que quatre conditions sont essentielles pour la validité d'une convention : le consentement des contractants, leur capacité de contracter, un objet certain qui forme la matière de l'engagement, et une cause licite de l'obligation. Mais tout le monde s'accorde à reconnaître que, si ces quatre conditions sont essentielles pour la validité d'un contrat, trois seulement d'entre elles sont nécessaires à son existence : le consentement, l'objet et la cause. Il résulte, en effet, très clairement de l'art. 1125, que le défaut de capacité n'est pas une cause de nullité radicale, et que le contrat, formé entre deux parties, dont l'une est déclarée incapable de contracter, subsiste tant que l'annulation n'en a pas été demandée en justice par celle-ci. Nous appliquerons donc le droit commun aux transactions, et nous déciderons qu'elles sont absolument nulles et inexistantes aux yeux de la loi, lorsqu'elles manquent d'objet, de cause ou de consentement, tandis qu'elles ne sont que rescindables lorsque les parties qui y ont adhéré, ou l'une d'elles seulement, étaient incapables de transiger, soit parce

qu'elles étaient déclarées telles par la loi, soit parce
que leur consentement était entaché d'un vice relatif tel que le dol ou la violence. Nous allons parler
immédiatement des causes de nullité ; nous étudie-
rons ensuite les causes de rescision ou d'annulation.

SECTION Ire

DES CAUSES DE NULLITÉ DES TRANSACTIONS

D'après ce que nous venons de dire', la nullité
d'une transaction peut tenir à trois causes bien distinctes : absence d'objet, absence de cause et
absence de consentement : il est bien entendu que,
lorsque nous nous servons ici du mot absence,
pour qualifier ces différents cas de nullité, nous ne
l'employons pas dans son sens normal seulement,
mais dans un sens beaucoup plus étendu, et dans
le but de rendre cette idée, qu'un mot seul ne peut
qu'imparfaitement exprimer, à savoir : que la transaction est nulle, d'abord lorsqu'elle n'a pas d'objet, de cause ou de consentement, et ensuite lorsqu'elle a réellement un objet, une cause ou un
consentement, mais qu'ils ne satisfont pas aux
conditions requises par la loi, et qu'ils ne réunis-
sent pas les caractères exigés par elle, pour qu'ils
puissent être les éléments nécessaires à l'existence
d'une transaction. Quelques mots d'abord sur l'absence d'objet.

I

Absence d'objet.

Nous avons vu plus haut [1] que l'objet d'une trans-action doit consister d'abord en un droit douteux et réellement incertain, et ensuite en un droit susceptible d'être aliéné et qui soit dans le commerce. Par conséquent, une transaction qui n'aurait pas d'objet, ou qui en aurait un qui ne revêtirait pas l'un de ces deux caractères, serait absolument nulle, nulle *ab initio,* radicalement inexistante.

II

Absence de cause.

La cause d'une transaction doit consister dans des sacrifices réciproques, dans des obligations licites, respectivement contractées par les parties, en vue de terminer la contestation : aussi regarde-rons-nous comme non avenue la transaction par laquelle l'une des parties s'obligerait envers l'autre, qui en retour ne contracterait pas le moindre enga-gement à l'égard de la première. De même encore, si les obligations consenties par les contractants étaient illicites, contraires aux lois, à la morale ou à l'ordre public.

---

[1] Nous donnerons comme exemple de transaction sur un droit sans fondement *in jure vel in facto* la transaction intervenue sur le dommage causé par un délit qui se trouve ensuite n'avoir pas existé.

III

Absence de consentement.

Sera nulle toute transaction dépourvue du consentement des parties : il est à remarquer que cette nullité peut tenir à deux causes bien distinctes : ou bien la transaction est intervenue entre des personnes dont l'une était dechue de par la loi du pouvoir de transiger, ou bien l'accord des prétendus contractants n'a pu se fermer parce qu'ils ont été victimes d'une erreur complète, *in ipso rei corpore* et non plus seulement substantielle dans le sens de l'art. 1110.

Les personnes que la loi frappe d'une véritable déchéance, et à l'égard desquelles elle établit une nullité absolue, à la différence de celle qu'elle établit à l'égard des personnes qu'elle veut protéger, ces personnes, dis-je, sont au nombre de trois. Ce sont : 1° le condamné par contumace à une peine afflictive et infamante; 2° le failli, car, dessaisi de ses biens, il ne peut plus les aliéner, et manque ainsi d'une condition essentielle à l'existence du pouvoir de transiger [1]; 3° enfin, le débiteur saisi, après la transcription de la saisie, car, de même que le failli, il ne peut plus aliéner à partir de ce moment.

Quant à l'individu qu'une cause habituelle ou

---

[1] Nous avons vu plus haut, p. 109, que la loi, pour parer aux inconvénients qui résulteraient de cette incapacité, a organisé un système spécial de transaction sur les intérêts et le patrimoine du failli.

accidentelle prive de l'usage de sa raison, il est clair qu'il ne peut consentir, et que par conséquent la transaction faite par lui est absolument nulle. Voilà pour la première cause de nullité provenant du défaut de consentement; passons à la seconde. Quelle est l'erreur qui est susceptible de faire déclarer nulle une transaction? Constatons tout d'abord que l'erreur de calcul ne la vicie pas, et que lorsqu'elle existe, « elle doit être simplement réparée; » ce sont les expressions mêmes de l'art. 2058 : elle est, en effet, toujours involontaire, et elle ne peut pas, pour ce motif, tirer à conséquence. Il n'y a pas, du reste, à distinguer entre le cas où elle se trouve dans l'acte même de transaction, et celui où elle se trouve dans les chiffres qui y ont servi de base; ce qu'il faut absolument, mais ce qu'il faut seulement, c'est que l'erreur à réparer ne soit qu'une faute d'arithmétique, cela résulte clairement de l'historique de la rédaction de notre article [1]. Si donc une erreur de calcul se trouve dans un compte litigieux, cette erreur peut être relevée, bien que la transaction qui a pris ce compte pour base ne renferme, cette base admise, aucune erreur de calcul. Mais on ne pourrait, en aucun cas, considérer comme erreur de calcul une fausse prétention qui se serait traduite en chiffres, sans violer d'ailleurs les règles de l'arithmétique.

Reste à parler de l'erreur de droit et de l'erreur de fait. « Les transactions, dit l'alinéa 2 de l'art. 2052, ne peuvent être attaquées pour cause

LOCRÉ, *Législation de la France*, tome XV, p. 409, n° 12.

d'erreur de droit. » La généralité des termes de cet
article nous montre clairement sa portée, et, de
prime abord, il est tout à fait impossible de penser
que dans quelque hypothèse l'erreur de droit puisse
vicier une transaction : on a essayé cependant de
le soutenir pour le cas, prévu par l'art. 2054, où
la transaction a été faite en exécution d'un titre nul,
et on a prétendu que la transaction était toujours
entachée de nullité, dès qu'elle était faite en exécution d'un titre nul, sans distinguer si ce titre avait
été tenu pour valable par suite d'une erreur de
droit, ou par suite d'une erreur de fait. Quant à
nous, nous sommes profondément convaincu
que l'art. 2054 ne contient aucune dérogation à
l'art. 2052, al. 2, et qu'il ne règle qu'un cas de
nullité pour erreur de fait. Nous reviendrons, du
reste, plus tard sur cette question ; contentons-
nous pour le moment de dire quels sont les motifs
qui ont déterminé le législateur à exclure l'erreur
de droit du nombre des causes de nullité des transactions. La raison en est, nous dit l'exposé des
motifs [1], « qu'en général les erreurs de droit ne
s'excusent pas, en vertu de la règle, *nemo jus igno-
rare censetur*, » et que « dans les jugements auxquels
on assimile les transactions, de pareilles erreurs
n'ont jamais été mises au nombre des motifs suffisants pour les attaquer. » Que ces deux considérations aient pu exercer quelque influence sur l'esprit
des rédacteurs de notre article, cela est très possible, et il ne nous appartient pas de le contester.

[1] LOCRÉ, *Législation de la France*, tome XV, page 422.

Mais, à notre avis, elles ne suffisent pas à rendre
compte pleinement de notre disposition, et nous
croyons qu'il vaut mieux, pour l'expliquer, se bor-
ner à dire que la transaction trouve sa raison d'ê-
tre dans l'ignorance même du droit et dans l'état
d'incertitude où se trouvent les parties, désireuses
avant tout d'acheter leur tranquillité respective
en mettant fin à un différend dont l'issue était
douteuse à leurs yeux.

Quant à l'erreur de fait, elle est susceptible d'entraîner la nullité complète, radicale, de la transaction, lorsqu'elle est *in ipso rei corpore*, c'est-à-dire
toutes les fois qu'elle a pour effet de s'opposer au
consentement des parties, de mettre obstacle à
l'accord de leurs volontés réciproques, et, d'une
manière plus générale, d'enlever à la transaction un
des trois éléments nécessaires à l'existence de tout
contrat. Il est vrai qu'on pourra nous opposer ici le
texte des art. 2053, 2054 et 2057 qui emploient à
l'envi les expressions « *rescinder*, » « *rescision* » et
semblent par là ne considérer l'erreur que comme
un simple vice, comme une simple cause d'annulabilité, et non pas comme une cause de nullité et
d'inexistence absolue. Notre réponse sera facile :
qu'on lise les art. 2052 à 2057, qu'on parcoure les
travaux préparatoires du Code et l'historique de la
rédaction de notre titre, et l'on verra bientôt que le
législateur ne s'est pas décidé dans nos articles sur
cette grande distinction de l'annulation et de la
nullité, et que ses déclarations à cet égard, comme
les expressions dont il s'est servi, forment un
superbe ensemble de confusions, d'erreurs et de

contradictions [1]. L'on aurait donc grand tort d'attacher quelque importance juridique à de simples mots, lorsque les rédacteurs du C. N., pour leur donner le sens qu'on voudrait leur prêter, auraient dû se rendre coupables de la violation des règles de droit les plus élémentaires et que formulent les art. 1108 et suivants. Nous conserverons donc avec le plus grand soin la distinction que nous avons établie plus haut, et nous mettrons la plus scrupuleuse attention à n'employer le mot de *nullité* que comme synonyme d'*inexistence*, et les mots d'*annulation* et d'*annulabilité* que comme synonymes de *cassation*, de *rescision* après existence.

La loi distingue d'abord l'erreur de fait dans la personne, et l'erreur de fait sur l'objet de la contestation. (Art. 2053, al. 1.) L'erreur dans la personne ne peut être, en matière de transaction, qu'une erreur sur l'objet; elle doit toujours, en dernière analyse et dans toutes les hypothèses qu'on peut imaginer, se ramener à une erreur sur l'objet; et en effet, qu'on suppose un héritier transigeant avec une personne qu'il croit à tort appelée à la même succession, il est bien clair que l'erreur porte en même temps sur l'objet de la contestation, et partant, le contrat n'a pas de cause, la

[1] Bigot-Préameneu présente le dol et la violence comme absolument destructifs du consentement, Albisson déclare la transaction des art. 2055, 2056 et 2057, 2me partie, « entièrement *nulle*, ou tout au moins *sujette à rescision*. » Enfin, l'exposé des motifs considère la transaction sur chose jugée, d'abord comme simplement entachée d'erreur, et ensuite comme manquant complétement d'objet.

transaction, comme le disait fort bien Domat[1], est *inutile*, et, aux termes de l'art. 1131, il est comme non avenu, il ne peut avoir aucun effet. Il en serait de même dans tous les cas où il y aurait erreur dans la personne, car l'art. 2053 serait absolument inutile, s'il ne contenait pas une dérogation au droit commun de l'art. 1110, en ce sens que l'erreur dans la personne est *toujours* une cause de nullité des transactions, sans que le juge ait à rechercher, en fait, si la considération de la personne avec laquelle on a cru contracter est entrée ou non pour quelque chose dans la transaction. Une seule exception serait admise à ce principe; elle est relative à la transaction faite loyalement et de bonne foi avec l'héritier apparent, et elle résulte implicitement de l'art. 1240 qui déclare « que le payement fait de bonne foi à celui qui est en possession de la créance, est valable, encore que le possesseur en soit par la suite évincé. » Car, si l'on peut payer une créance, à combien plus forte raison pourrait-on aussi transiger sur elle. Transiger est souvent un parti bien plus sage que plaider; bien des fois ce sera une nécessité. Déclarer nulle une transaction intervenue dans de telles circonstances, serait aller contre l'intérêt des familles et la paix de la société. Du reste, si l'on décompose cet acte passé avec un héritier apparent, trouve-t-on là une erreur véritable, une erreur réunissant réel-

---

[1] *Les lois civiles dans leur ordre naturel*, liv. I, tit. XIII, sect. 1, n° 5.

lement les caractères que nous lui voulions tout
à l'heure, pour qu'elle fût susceptible d'entraîner
une nullité? Non, assurément non; la partie, en
effet, qui a transigé avec l'héritier apparent, que
voulait-elle, quel but se proposait-elle d'atteindre?
Transiger avec l'héritier, et non pas avec Primus, ou
avec Secundus en particulier. Or, en cela s'est-elle
trompée? s'est-elle rendue victime de l'erreur
qu'on voudrait lui reconnaître? Nullement : si la
transaction est intervenue de bonne foi, avec
loyauté, et nous l'avons positivement supposée
telle tout à l'heure, elle aura transigé avec l'héritier lui-même, non pas, il est vrai, avec un homme
qui était physiquement, personnellement l'héritier,
mais avec un homme qui en était comme le bras
droit, et qui, en tant qu'héritier apparent, ne pouvait être que le mandataire, le *negotiorum gestor*
de l'héritier véritable. On le voit donc, c'est moins
là une dérogation à notre principe, qu'une application de la règle que nous avons formulée il y a
un instant, et ce qui semblait de prime abord
une exception à notre système en devient en dernière analyse la confirmation la plus évidente.

Arrivons maintenant à l'erreur de fait sur l'objet
de la contestation : les art. 2054, 2055, 2056 et 2057
vont nous en présenter quatre cas particuliers, et,
en les étudiant successivement l'un après l'autre,
nous verrons que, dans chacun d'eux, la transaction est nulle pour absence totale de cause.

Premier cas. — Art. 2054. — Cet article est ainsi
conçu : « Il y a également lieu à l'action en rescision contre une transaction, lorsqu'elle a été faite

en exécution d'un titre nul, à moins que les parties n'aient expressément traité sur la nullité. »
La loi ne s'étant pas déclarée expressément sur le
sens du mot *titre*, il est à croire qu'elle a voulu
régler toutes les hypothèses possibles, et que par
conséquent elle a entendu désigner à la fois par
cette expression et le fait juridique qui engendre
la prétention litigieuse, et l'écrit qui a pour objet
de le constater, car les raisons de décider sont
identiquement les mêmes, lorsque la nullité tient
à ce fait juridique et lorsqu'elle tient à l'écrit qui
le constate. Quant au mot *nul*, nous lui attache-
rons aussi le sens le plus étendu, aussi le regar-
derons-nous ici comme synonyme en même temps,
aux yeux de la loi, d'*annulable* et d'*inexistant*. Cela
posé, voici quel cas il faut imaginer pour trouver
l'application de notre article : un héritier, par exemple, et un légataire transigent sur un testament fait
par acte public et qui se trouve être, à l'insu des
deux parties, vicié par l'incapacité de l'un des
témoins qui l'ont signé (980), ou révoqué par un
testament postérieur (1035) ; eh bien ! n'est-il pas
évident que, dans cette hypothèse, les obligations
des parties sont sans cause ? Pourrait-on contester que l'erreur dont elles ont été victimes a privé
la transaction intervenue entre elles d'une cause,
c'est-à-dire de l'un des trois éléments nécessaires
à l'existence de tout contrat ! « Comme le dit fort
bien Pothier dans son *Traité des obligations* [1], lorsqu'un engagement n'a *aucune cause*, ou, ce qui est

[1] Nº 42.

la même chose, lorsque la cause pour laquelle il a
été contracté est *une cause fausse,* l'engagement est
nul et le contrat qui le renferme est nul. Par
exemple, si, croyant faussement vous devoir une
somme de dix mille livres, qui vous avait été
léguée par le testament de mon père, mais qui a
été révoqué par un codicille dont je n'avais pas
connaissance, je me suis engagé à vous donner
un certain héritage en payement de cette somme,
ce contrat est nul parce que la cause de mon
engagement, qui était l'acquittement de cette
dette, est une cause qui s'est trouvée fausse :
c'est pourquoi la fausseté de la cause étant
reconnue, non-seulement vous ne pouvez avoir
d'action pour vous faire livrer l'héritage, mais, si
je vous l'avais déjà livré, j'aurais action pour vous
le faire rendre ; et cette action s'appelle *condictio
sine causâ.* » On ne peut être plus clair à cet
endroit, et ajouter quelque chose à cette argumentation ne pourrait avoir d'autre effet que d'en
diminuer la force. Jusqu'à présent nous avons
supposé que la transaction faite en exécution
d'un titre nul était la suite d'une erreur de fait ;
quid si elle était le fruit d'une erreur de droit,
c'est-à-dire, pour reprendre l'hypothèse que nous
avons examinée tout à l'heure, si le testament, sur
les clauses duquel on a transigé, est nul parce que
l'un des témoins ne l'a pas signé (art. 974)? Nous
arrivons ainsi à la question que nous avons annon-
cée plus haut, et qui consiste à savoir si l'article
2054 déroge à l'art. 2052.

Trois systèmes se sont présentés pour la résoudre :

1° MM. Aubry et Rau[1], partant de ce principe
que, lorsque la transaction est intervenue en exécution d'un titre nul, elle est nulle faute de cause,
décident qu'elle est attaquable dans tous les cas
sans distinguer entre l'erreur de fait et l'erreur de
droit. Il nous semble que cette façon de raisonner
n'est pas des plus logiques, et, que l'argumentation
des éminents professeurs de Strasbourg touche de
bien près au cercle vicieux et à la pétition de
principe. Comment? c'est parce que la transaction,
faite en exécution d'un titre nul, est nulle faute
de cause, que l'erreur de droit, qui a fait regarder
le titre comme valable, a dû amener sa nullité?
Mais la question n'est-elle pas précisément de
savoir si dans notre hypothèse la transaction est
nulle; si, aux yeux de la loi, l'erreur de droit constitue elle aussi un défaut de cause, ou si au
contraire elle a pour effet de donner le jour à cette
transaction qu'une erreur de fait eût empêché
d'exister? et la réponse à cette première difficulté
ne se trouve-t-elle pas dans l'art. 2052, alinéa 2,
qui déclare de la façon la plus absolue que « la transaction ne peut être attaquée pour cause d'erreur
de droit. »

Le législateur n'a pas voulu ranger l'erreur de
cette nature parmi les causes de nullité des transactions; c'est peut-être à tort, nous n'avons pas à
le rechercher; ce que nous avons à faire, c'est de

[1] N° 422, notes 8 et 10.

savoir quelles ont été ses intentions, et rien de
plus; nous ne sommes pas ici pour créer la loi,
et pour suppléer à son texte, nous n'avons qu'à
l'interpréter, et notre rôle ne va pas au delà. Or,
comment croire que les rédacteurs du C. N.,
après avoir posé un principe d'une manière aussi
générale, aient voulu y déroger un instant après,
et y apporter, quelques lignes plus bas, une exception qui, par sa portée même, serait la négation la
plus évidente de la règle, et sa condamnation la
plus flagrante. Au lieu de mettre à leur charge une
contradiction aussi manifeste, ne vaut-il pas mieux
croire que l'art. 2054 a trait seulement à l'erreur de
fait, surtout lorsque toutes les meilleures raisons
portent à l'admettre? Qu'on considère, en effet,
l'ordre de nos articles : après avoir parlé de l'erreur
de droit dans l'art. 2052, la loi passe à l'erreur de
fait dans les articles suivants, pose le principe qui
la régit dans l'art. 2053 al. 1 , et en montre
ensuite quatre applications distinctes dans les
art. 2054, 2055, 2056 et 2057 : or, de bonne foi,
est-il vraisemblable que, par un retour aussi
imprévu qu'illogique , les rédacteurs du C. N.
soient venus, en des termes d'un vague et d'une
ambiguïté rares, déroger dans l'art. 2054 à la
règle générale de l'art. 2052? Et d'ailleurs , les
mêmes motifs qui les avaient déterminés à ne pas
déclarer nulle la transaction faite par erreur de
de droit, ne devaient-ils pas se présenter à leur
esprit, lorsqu'il s'agissait de décider quelle serait
la valeur d'une transaction intervenue en exécution d'un titre nul, regardé comme valable par

l'effet de celte même erreur de droit? Les deux cas sont absolument identiques ; que les mêmes règles les régissent donc !

2° Merlin a soutenu [1], que, s'il y a lieu à rescinder la transaction intervenue sur titre nul, et ne portant pas expressément sur la nullité, c'est uniquement parce que cette question de nullité est censée n'avoir pas été présente à la pensée des contractants, « et qu'une transaction, aux termes des art. 2048 et 2049, ne peut jamais s'étendre à des objets sur lesquels ne portaient pas les différends que les parties ont voulu terminer ou prévenir. » Qu'importe dès lors que ce soit par erreur de fait ou par erreur de droit que le titre nul ait été supposé valable? Dans les deux cas, l'intention des contractants n'a pas pu être de renoncer à une nullité qu'ils ignoraient. Ce système évidemment a pris son point de départ dans les derniers mots de l'art. 2054, et en leur rendant le sens véritable qu'ils doivent avoir, nous verrons que toute cette théorie est un édifice construit sur le sable. Et, en effet, après avoir posé le principe que la transaction faite en exécution d'un titre nul peut être attaqué, notre article ajoute : « à moins que les parties n'aient expressément [2] traité sur la nullité. » Quelle peut être la portée de cette restriction ? Comment la comprendre ? Il est bien clair tout d'abord que, si les deux contractants connaissaient la nullité du titre et étaient parfai-

---

[1] Répertoire, *Transaction*, § V, n° IV.
[2] Ce mot *expressément* montre assez que la simple connaissance de la nullité du titre ne suffirait pas.

tement sûrs qu'elle existait, au moment où ils ont
traité sur elle, l'acte qu'ils ont fait n'a pas été et
n'a pas pu être une transaction, puisque la transaction suppose nécessairement une *res dubia, une
lis incerta*. Donc, ils n'ont pu sérieusement transiger à son sujet, que s'ils avaient un doute quelconque sur son existence, c'est-à-dire lors seulement que, ne sachant pas sûrement si la nullité
existait ou non, ils ont mis fin à cette incertitude,
ou bien, lorsque, prévoyant l'éventualité possible d'une nullité, ils ont voulu la prévenir et
parer d'avance à toute difficulté. — Cela étant,
que devient le système de Merlin? Ce juriscon-
sulte sans doute s'est laissé aller à une fausse
interprétation de l'art. 2054; et, en effet, si les
parties n'ont pu traiter que sur les doutes qu'elles
pouvaient avoir à l'égard de la nullité du titre en
exécution duquel elles ont transigé, il est bien
évident que la transaction intervenue entre elles
ne peut pas être nulle par ce motif qu'elle n'a pas
eu pour objet la question de nullité. Cette question, nous venons de le montrer, ne pouvait pas
à elle seule donner lieu à une transaction, elle
pouvait amener un désistement, une renonciation peut-être, mais une transaction, jamais : on ne
transige que sur ce qui est incertain, et dans
l'hypothèse de Merlin, au moment où il s'agit de
savoir si la transaction est valable ou non, la nullité du titre est parfaitement certaine ; or, telle elle
est à ce moment, telle elle aurait dû être aussi
au moment de l'acte, et par conséquent elle n'au-

rait pas pu faire l'objet d'une transaction véritable[1].

Ce système, très ingénieux au fond, ne peut donc se soutenir, et l'on pourrait presque, pour employer une expression de notre matière, dire qu'il est *nul faute de cause;* une dernière considération suffira pour le faire rejeter complétement; dans tous les cas où l'un des cocontractants commet une erreur de droit, on peut, en suivant la façon d'argumenter de Merlin, dire que très sûrement il n'a jamais eu l'intention de transiger sur la difficulté que son erreur l'empêchait d'apercevoir, et que par conséquent la transaction qu'il a signée est nulle parce qu'elle n'a pas eu cette difficulté pour objet. Or, puisque la loi n'admet pas la rescision fondée sur une pareille erreur, où serait le motif de l'admettre alors que cette erreur a eu pour effet de cacher la nullité du titre en exécution duquel on transigeait?

3° Reste à parler du troisième système que nous avons annoncé : c'est celui qui soutient que l'art. 2054 ne déroge pas à l'art. 2052, et qu'il ne s'occupe que de l'erreur de fait seulement. La

[1] Dira-t-on que les parties pouvaient transiger sur le doute de l'existence d'une nullité, et que, si elles ne l'ont pas fait, c'est qu'elles n'ont pas eu l'intention de renoncer à l'invoquer lorsque plus tard elles la connaîtraient? Mais n'est-ce pas là encore résoudre la question par la question? Pourquoi les parties n'ont-elles pas traité sur ce doute? Parce qu'elles ont cru le titre valable. Pourquoi l'ont-elles cru valable? Parce qu'elles ont été victimes d'une erreur. Maintenant cette erreur, quelle est-elle? Voilà notre question qui reparaît entière et vierge encore de toute solution de la part de Merlin.

Chambre des requêtes l'a consacré à différentes reprises (25 mars 1807, 23 décembre 1829, 14 novembre 1838), et nous n'hésitons pas un instant à l'adopter. Inutile, je crois, de nous y arrêter davantage : les arguments qui nous ont servi à réfuter les opinions de MM. Aubry, Rau et Merlin suffisent assez pour établir qu'il est le seul admissible, parce qu'il est le seul conforme à la raison, au texte et à l'esprit de la loi.

Nous arrivons maintenant à l'explication de l'art. 2055 qui contient la seconde hypothèse, prévue par le Code, de nullité pour erreur sur l'objet de la contestation.

Deuxième cas. — Art. 2055 : « La transaction, faite sur pièces qui depuis ont été reconnues fausses, est entièrement nulle. » Alors, en effet, la transaction est totalement dépourvue de cause, et l'on comprend qu'elle n'ait pas pu se former. Les mêmes motifs qui nous ont fait décider que l'art. 2054 prévoyait un cas de nullité absolue pour défaut de cause, nous obligent à admettre la même solution pour l'hypothèse de l'art. 2055 : les parties ont voulu terminer un différend occasionné par des pièces à la réalité desquelles elles avaient foi ; ces pièces se sont trouvées fausses, et par conséquent, pour emprunter encore ici les expressions de Pothier, le contrat qu'elles ont essayé de former est *nul*.

Troisième cas. — Art. 2056. — Il en serait absolument de même si la transaction était intervenue sur un procès terminé par un jugement passé en force de chose jugée, et dont les parties ou l'une d'elles n'avaient point [1] connaissance : car, là encore, point de cause à l'engagement des cocontractants ; le différend qu'ils ont voulu finir, les tribunaux l'avaient déjà terminé, et cette solution qu'ils ont cherchée de la difficulté qui les inquiétait, la justice l'avait déjà prononcée irrévocable et sans appel.

Nous disons : *et sans appel*, car autrement, si cette voie de recours était encore ouverte aux parties, leurs obligations ne manqueraient pas de *cause*, et le contrat qu'elles feraient serait valable. Même solution, si le jugement était encore attaquable par la voie de l'opposition. Mais il en serait tout différemment s'il ne pouvait plus être attaqué que par la requête civile et le pourvoi en cassation ; la raison en est bien simple : c'est qu'il est assez facile de savoir si les voies ordinaires de recours sont ouvertes contre un jugement, tandis qu'au contraire il est fort difficile de discerner sûrement si l'on peut employer contre lui les voies extraordinaires, et d'apprécier à leur juste valeur des moyens de cassation ou de requête civile.

Quatrième cas. — Art. 2057. — Quel est l'effet de

---

[1] Notre article contient deux inexactitudes : d'abord, il ne parle que des jugements *passés* en force de chose jugée, et il résulte de sa dernière phrase que les jugements *rendus* en force de chose jugée doivent leur être pleinement assimilés sur ce point. — *Ensuite*, il porterait à croire que l'erreur de l'une quelconque des parties entraîne la nullité, tandis que l'erreur du gagnant est seule susceptible de produire cet effet, le perdant n'étant jamais intéressé à demander la nullité d'un acte, par lequel son adversaire renonce sciemment en sa faveur à une partie de ses droits, et qui, notons-le bien, n'a alors de la transaction que le nom seulement.

la découverte après la transaction de pièces nouvelles alors inconnues? La réponse à cette question
se trouve dans l'art. 2057, dont voici la teneur :

« Art. 2057. Lorsque les parties ont transigé généralement sur toutes les affaires qu'elles pouvaient
avoir ensemble, les titres qui leur étaient alors
inconnus, et qui auraient été postérieurement
découverts, ne sont point une cause de rescision,
à moins qu'ils n'aient été retenus par le fait de
l'une des parties.

« Mais la transaction serait nulle si elle n'avait
qu'un objet sur lequel il serait constaté, par des
titres nouvellement découverts, que l'une des parties n'avait aucun droit. »

Ainsi, le Code fait ici une distinction : la découverte de pièces nouvelles peut enlever à la transaction sa base, et aux obligations des parties leur
cause, mais cela à deux conditions : il faut d'abord
que le contrat ait un objet *unique;* il faut ensuite
que les pièces nouvellement découvertes prouvent
que l'un des contractants n'avait *aucun droit* sur
lui. Il ne suffirait pas, par exemple, qu'elles n'eussent pour effet que de consolider les droits de l'un,
il faut qu'elles ruinent complétement les prétentions
de l'autre.

Mais, ces deux conditions remplies, la découverte de pièces inconnues des deux parties, ou au
moins de celle dont elles établissent les droits, suffira pour priver la transaction de toute existence
juridique. — Si, au contraire, la transaction est
générale, des titres postérieurement découverts
n'ont pas pour effet de la rendre nulle, ils pour-

11

raient seulement donner lieu à une action en rescision, régie par l'art. 1303, pour le cas où ils auraient été retenus par le fait de l'une des parties : alors, en effet, la transaction trouve dans la généralité même de son objet une cause qui subsiste malgré la découverte de pièces nouvelles, et le dol de l'un des cocontractants ne peut que faire rescinder le contrat qu'il entache, sans le priver de sa cause.

Voilà tout ce que nous avions à dire sur l'erreur de fait ; nous avons examiné successivement tous les cas où la transaction est nulle, inexistante; nous allons voir maintenant en quelques mots les cas où elle n'est que rescindable.

SECTION II

DES CAUSES DE RESCISION DES TRANSACTIONS

Une transaction est intervenue entre deux parties : elle a un objet, une cause, les contractants y ont adhéré, et par suite elle existe aux yeux de la loi. Mais, pour qu'elle puisse subsister, pour qu'elle soit à l'abri de toute attaque, deux conditions sont nécessaires : il faut d'abord que les parties soient *capables ;* il faut ensuite que leur consentement soit tout à fait *libre et spontané.* L'une de ces conditions venant à manquer, une action en rescision, régie par l'art. 1304, est ouverte, et les tribunaux peuvent annuler l'acte auquel les contractants ont donné le jour.

Nous disons d'abord que les parties doivent être

capables : sur ce point, nous n'avons qu'à renvoyer aux détails que nous avons donnés plus haut dans la section deuxième de notre chapitre II; nous ferons une seule remarque : c'est qu'il s'agit ici, non plus de personnes que la loi frappe d'une véritable déchéance, mais de personnes, au contraire, qu'elle veut couvrir de sa protection, et à l'égard desquelles par suite elle n'édicte qu'un simple recours en annulation, parce que pour elles ses dispositions ne peuvent être que des faveurs.

Nous avons ajouté ensuite que le consentement des parties devait être *libre et spontané*; or, quelles sont les causes qui pourraient le vicier? Si nous consultons l'art. 1109, nous voyons : « Qu'il n'y a point de consentement valable, si le consentement n'a été donné que par erreur, ou s'il a été extorqué par violence ou surpris par dol. » Ces règles doivent s'appliquer à la transaction, et il faut dire que, comme tout contrat, elle est viciée par les faits de dol, de violence ou d'erreur. Quant au dol et à la violence, nulle difficulté : l'art. 2053 est formel, ils engendrent une action en rescision régie par les principes généraux. (Art. 1109, 1111-1117 et 1304.)

Quant à l'*erreur*, une distinction est absolument nécessaire; nous avons déjà parlé tout à l'heure de l'erreur sur la personne, et de l'erreur sur l'objet; de cette erreur que nous avons appelée *in ipso rei corpore*, et qui empêche la transaction de se former, parce qu'elle la prive de l'un des trois éléments nécessaires à son existence; ce n'est donc pas d'elle qu'il s'agit ici : il s'agit de l'erreur sur la *substance* dont parle l'art. 1110, de celle qui porte sur les qualités substantielles de la chose, c'est-à-dire, sur ces qualités qui l'individualisent, qui la rendent spécialement propre à un certain usage, et d'où elle tire son nom, son *nomen appellativum.* Lorsqu'elle réunit ces caractères, alors elle vicie le contrat, et l'action en rescision de l'art. 1117 est ouverte à la partie intéressée. — L'erreur sur le *motif* ne constitue pas une cause de rescision, à moins que le motif n'ait été la *raison déterminante* du contrat, et que l'autre partie n'en ait eu connaissance [1].

La lésion ne peut pas faire annuler une transaction : le but même de ce contrat le fait échapper à une pareille cause de rescision ; et, c'est avec beaucoup de raison que l'art. 2052, alinéa 2, le déclare formellement, faisant application à la transaction du principe posé par l'art. 1118. « Comme le dit Pothier [2], les parties qui transigent ont l'intention d'éviter un procès, même aux dépens de ce qui leur appartient. » — Inutile de dire, du reste, que nous supposons que les contractants n'ont pas déguisé sous une fausse qualification, un acte qui, ne présentant pas en réalité les caractères de la transaction, serait d'ailleurs rescindable pour lésion, car alors le droit commun de cet acte reprend tout son empire. (Art. 888 C. N.) Remarquons enfin que la transaction conclue par un mineur (art. 1305) pourrait être attaquée pour cause

[1] Boileux, tome IV, page 355.
[2] Oblig., n° 36.

de lésion s'il n'avait pas été assisté de son tuteur, car si celui-ci avait été présent à l'acte, et si les formalités légales avaient été remplies, la transaction faite au nom du mineur aurait la même force que la transaction faite par un majeur (art. 1314).

Telles sont en résumé les causes de rescision des transactions. Nous terminons ainsi notre troisième partie, et avec elle l'étude qui nous était imposée. Si maintenant, nous retournant en arrière, et jetant un regard sur le chemin que nous avons parcouru et sur les difficultés nombreuses que nous avons eues successivement à examiner, nous songeons aux imperfections que le législateur a multipliées dans la rédaction de ce titre, nous aurons bien, je l'espère, le droit d'émettre un vœu et de demander, après tous les jurisconsultes éminents qui ont écrit sur notre matière, qu'un contrat, tel que la transaction, dont l'importance pratique est si grande, et dont le rôle éminemment pacifique et conciliateur au milieu de la société est si incontestable, soit bientôt dépouillé de ces aspérités qui l'entourent et qui permettent malheureusement de lui appliquer encore avec trop de raison cet adage de notre ancien droit : *Hæc materia difficillima et speculativa est.*

Les législateurs des nations voisines, qui tous, disons-le en passant, ont pris le Code Napoléon comme type de l'œuvre qu'ils voulaient réaliser, et se sont inspirés dans leurs travaux des grands principes qui ont présidé à sa rédaction, ont presque tous introduit au chapitre des transactions des perfectionnements nombreux dont la pratique et le temps se sont accordés à leur révéler la nécessité. C'est ainsi que le Code prussien a défini la transaction « un contrat par lequel des parties mettent fin à des prétentions litigieuses ou douteuses, moyennant *un abandon réciproque de quelques-uns de leurs droits;* » qu'il a décidé que les transactions sur aliments à échoir doivent être suivies de la ratification judiciaire (art. 412 à 414), et que les transactions sur les successions testamentaires ne peuvent avoir lieu avant la publication du testament (art. 442 à 444).

C'est ainsi que le Code autrichien a voulu que la remise à titre gratuit faite à l'obligé d'un droit litigieux ou douteux constituât une donation (art. 1381), et que les transactions pour réparations civiles de délits n'empêchassent pas les poursuites d'office, à moins que ces poursuites ne puissent avoir lieu que sur la plainte de la partie lésée (art. 1384).

C'est ainsi encore que le Code albertin a tranché deux questions fort controversées chez nous, en décidant d'abord dans son art. 2086 que la peine, stipulée contre celui qui manquera d'exécuter une transaction, « tiendra lieu des dommages-intérêts résultant du retard, sans préjudice de l'exécution de la transaction qui sortira son effet, » et ensuite, dans son art. 2098, qu'on ne peut transiger sans l'approbation du tribunal compétent sur les provisions ou pensions alimentaires non encore exigibles, adjugées en justice, non plus que sur celles acquises en vertu d'un testament, d'une donation ou d'un autre acte.

Enfin, en Danemark, il existe une institution dont

le nom indique assez le but : c'est la *Commission
des transactions*. Elle présente une ressemblance
fort grande avec nos bureaux de conciliation; les
parties choisissent elles-mêmes plusieurs membres
des tribunaux de transaction, et ceux-ci ont pour
double mission de terminer les contestations nées
et de prévenir celles à naître. Dans les tribunaux
extraordinaires, tels que le tribunal de police, les
juges doivent eux-mêmes tâcher de réaliser des
transactions.

Telles sont, en somme, les principales dispositions que nous avions à signaler dans les législations étrangères. Espérons que la France, après
avoir montré la route à tous les peuples, les suivra
et les devancera dans la voie des perfectionnements, et que nous aurons bientôt une législation
aussi complète que possible sur les transactions.
Alors on ne craindra plus d'aborder un contrat aussi
utile, on n'aura plus de préventions contre lui; les
procès diminueront, et par là le législateur aura
concouru d'une manière plus efficace au maintien
de la paix entre les citoyens et, par là même, au
bien-être général.

POSITIONS

———※※———

DROIT ROMAIN.

I. — L'erreur de droit peut-elle, comme l'erreur de fait, servir de base à l'exercice de la *condictio indebiti*? — Oui, pourvu qu'elle soit excusable.

II. — L'action *præscriptis verbis* est-elle *bonæ fidei* ou *strictissimi juris*? — Elle est *bonæ fidei*.

DROIT FRANÇAIS.

CODE NAPOLÉON.

I. — En cas de donations entre époux et de libéralités faites à des tiers, la réduction doit s'opérer d'après le disponible le plus faible pour attribuer ensuite l'excédant au donataire du disponible le plus fort, mais à la condition de faire subir momentanément et pour le calcul au chiffre des libéralités les plus favorables, une diminution proportionnelle à celle que subit le disponible de ces mêmes libéralités.

II. — A quel titre la femme mariée sous le régime de la communauté exerce-t-elle ses reprises à la dissolution de la communauté? Est-ce à titre de créancière ou à titre de propriétaire? — C'est à titre de créancière pure et simple.

III. — La femme commune, dont l'immeuble propre a été illicitement aliéné par le mari, ne peut revendiquer que la moitié de cet immeuble, lorsqu'elle accepte la communauté.

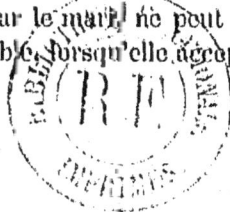

IV. — La Société civile constitue-t-elle une personne morale ? — Oui.

V. — Le créancier qui a une hypothèque conventionnelle sur les biens à venir de son débiteur, par suite de l'insuffisance des biens présents, est tenu de prendre inscription sur les biens qui arrivent à son débiteur, au fur et à mesure des acquisitions.

VI. — Au bout d'une année, la *possession,* de simple fait qu'elle était jusque-là, devient un droit véritable.

DROIT CRIMINEL.

I. — Un accusé, acquitté par une Cour d'assises, peut être poursuivi correctionnellement pour le même fait autrement qualifié.

II. — Le principe de non-cumul des peines ne s'applique pas aux peines accessoires.

PROCÉDURE CIVILE.

I. — Lorsque des héritiers ont formé collectivement la demande d'une somme supérieure à 1,500 francs, si la part de chacun d'eux est inférieure à cette somme, le jugement qui statue sur cette demande n'est pas susceptible d'appel.

II. — Une possession d'un an est absolument nécessaire pour l'exercice de la réintégrande.

DROIT COMMERCIAL.

I. — La faillite de la Société, être moral, entraîne-t-elle de plein droit la faillite des associés solidaires pris individuellement ? — Distinction.

II. — Un seul créancier, à l'égard duquel le failli ne remplirait pas ses engagements, peut provoquer la résolution du concordat.

DROIT ADMINISTRATIF.

I. — Quel est le préfet compétent pour élever un conflit lorsqu'une affaire, après cessation, est renvoyée devant une nouvelle Cour ? — Distinction.

II. — Qui peut constituer l'état débiteur ? — En principe, un ministre seulement.

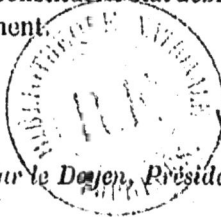

Vu :

Par le Doyen, Président de la Thèse,

A. GOURAUD.

4177. — CHAMBÉRY, IMPRIMERIE DE F. PUTHOD, RUE DU VERNEY.

www.ingramcontent.com/pod-product-compliance
Lightning Source LLC
Chambersburg PA
CBHW050107210326
41519CB00015BA/3861